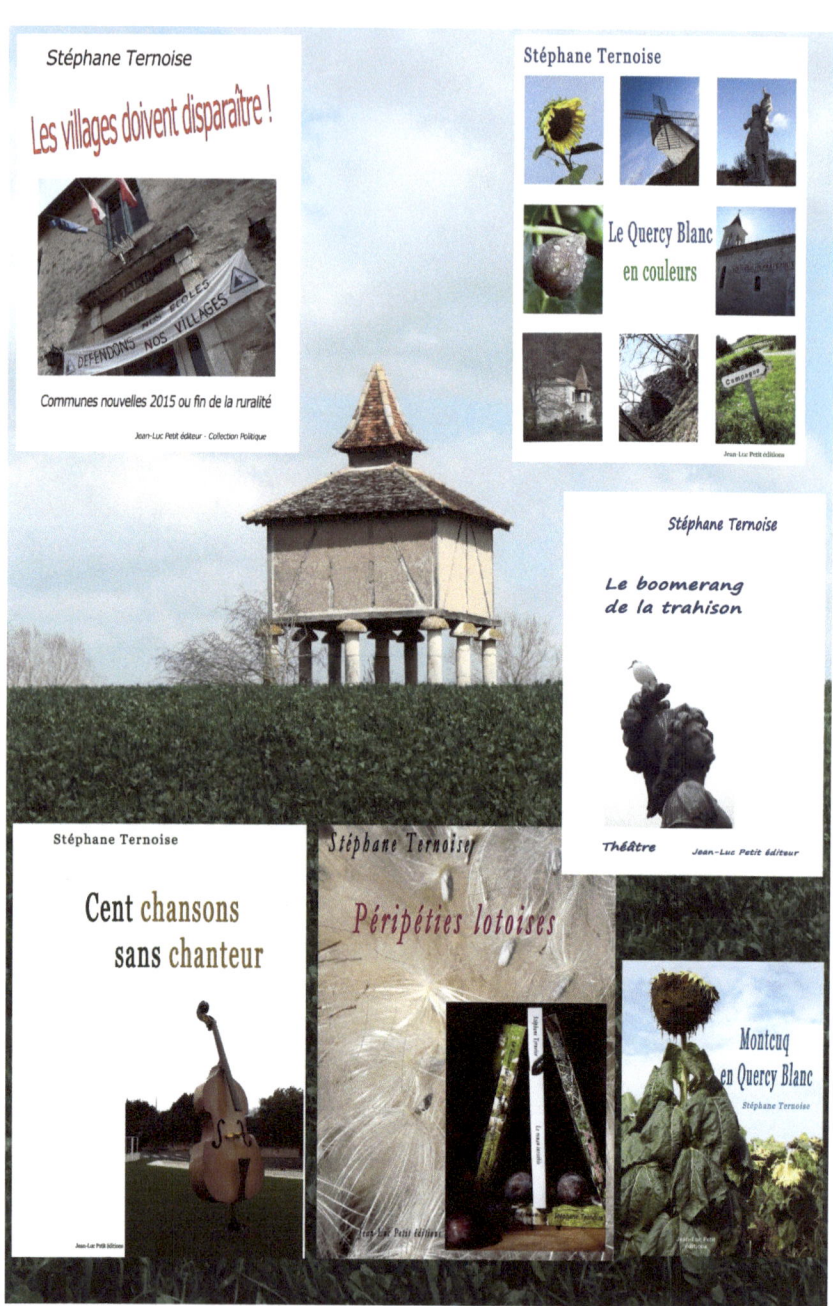

Figeac selon Ternoise

Du même auteur*

Certaines œuvres sont connues sous différents titres.

Romans

Le roman de la Révolution Numérique (Péripéties lotoises)
La Faute à Souchon (Le roman du show-biz et de la sagesse)
Quand les familles sans toit sont entrées dans les maisons fermées
Liberté j'ignorais tant de Toi (Libertés d'avant l'an 2000)
Viré, viré, viré, même viré du Rmi !
Ils ne sont pas intervenus (Peut-être un roman autobiographique)

Théâtre

Neuf femmes et la star
Les secrets de maître Pierre, notaire de campagne
Ça magouille aux assurances
Chanteur, écrivain : même cirque
Deux sœurs et un contrôle fiscal
Amour, sud et chansons
Pourquoi est-il venu ?
Aventures d'écrivains régionaux
Avant les élections présidentielles
Scènes de campagne, scènes du Quercy
Blaise Pascal serait webmaster
Trois femmes et un Amour
J'avais 25 ans
Le petit empereur veut fusionner les villages !

Théâtre pour troupes d'enfants

La fille aux 200 doudous
Les filles en profitent

Essais

Les villages doivent disparaître !
La sacem ? Une oligarchie !

Photos

Montcuq-en-Quercy-Blanc
Vitraux lotois
Montaigu de Quercy, en couleurs

* extrait du catalogue, voir www.ternoise.net

Stéphane Ternoise

Figeac selon Ternoise

9 mars 2016

Jean-Luc PETIT Editeur - *Collection Lot*

Stéphane Ternoise

versant lotois :

http://www.lotois.fr

Tout simplement et logiquement !

Tous droits de traduction, de reproduction, d'utilisation, d'interprétation et d'adaptation réservés pour tous pays, pour toutes planètes, pour tous univers.

Site officiel : http://www.ecrivain.pro

© Jean-Luc PETIT - BP 17 - 46800 Montcuq – France

Stéphane Ternoise

Figeac selon Ternoise

Arrivé en 1996 dans le Lot, j'ai découvert Figeac le 26 avril 1998. Martin Malvy, député-maire local, ancien Ministre du Budget, signait l'édito de la **douzième** *fête du livre*. Mon nom ne figurait pas sur le programme, conformément au document obligatoirement retourné, accompagné d'un chèque de 80 francs, prix d'une demi-table.

Nous, les indépendants, étions à l'écart, face à la vraie fête, celle des Yvette Frontenac, Georges Coulonges, Colette Laussac, Michel Palis, Michel Peyramavre (selon leur notice, Michel Peyramaure en réalité), Michel Cosemm, Didier Convard, Serge Ernst, Laurent Lolmède, Didier Savard, Andrée-France Baduel, Laurence Binet, Mohamed Grim, Christian Rudel, Amin Zaoui...

L'année suivante, j'ai refusé ce système. Je ne suis donc jamais retourné à ce salon.

J'y reviendrai pourtant, à Figeac, au *salon du livre*... au troisième !

Car en 2007 ils ont arrêté. Il était temps.

Je reviendrai avec dix exemplaires de ce bouquin en papier et couleurs, numérotés.

J'y reviens car "l'état d'esprit semble différent", porté par deux auteurs... même s'il m'a fallu débourser dix euros pour obtenir une table d'un mètre 80.

J'y avais séjourné le 7 janvier 2013... pour réaliser "ce" livre. Il s'agissait alors du projet de présenter chacune des 340 communes lotoises... J'y repassais le 13 juin 2014 en besoin d'autres photos. Oui, ce document "aurait dû" déjà être édité bien avant... Et finalement le 14 décembre 2015, car j'avais accepté de participer à ce salon du livre... Figeac n'est pas une commune comme les autres...

Durant ces trois années, je changeais plusieurs fois d'appareil photo, essayant de progresser.
Il faut également parfois accepter l'idée d'un témoignage "imparfait" car justement dans ces approches "techniquement contestables" peut pointer l'émotion... La "maîtrise technique" assèche tellement de "grands photographes"... Ils ne semblent toujours pas avoir compris Henri Cartier-Bresson, même quand ils le déclarent les avoir grandement inspirés : « *En fin de compte la photo en soi ne m'intéresse absolument pas. La seule chose que je veux, c'est retenir une fraction de seconde de réalité.* »
Et dans cette ville, aucun humain de face... J'y ai croisé des chiens, des chats...
Naturellement, il ne s'agissait pas de publier l'ensemble des photos. Il y eut forcément un choix, sur plusieurs centaines de clichés. Mais aucune mise en scène, retouche (au-delà de rares légères modifications de cadrage : suppression d'une partie "inutile") .

Dans quelques décennies, ce travail permettra d'observer l'évolution de la ville ? S'il reste quelque chose de ce coin du Lot...

Stéphane Ternoise
Écrivain, souvent accompagné d'un appareil photo.
http://www.lotois.fr

http://www.figeac.info

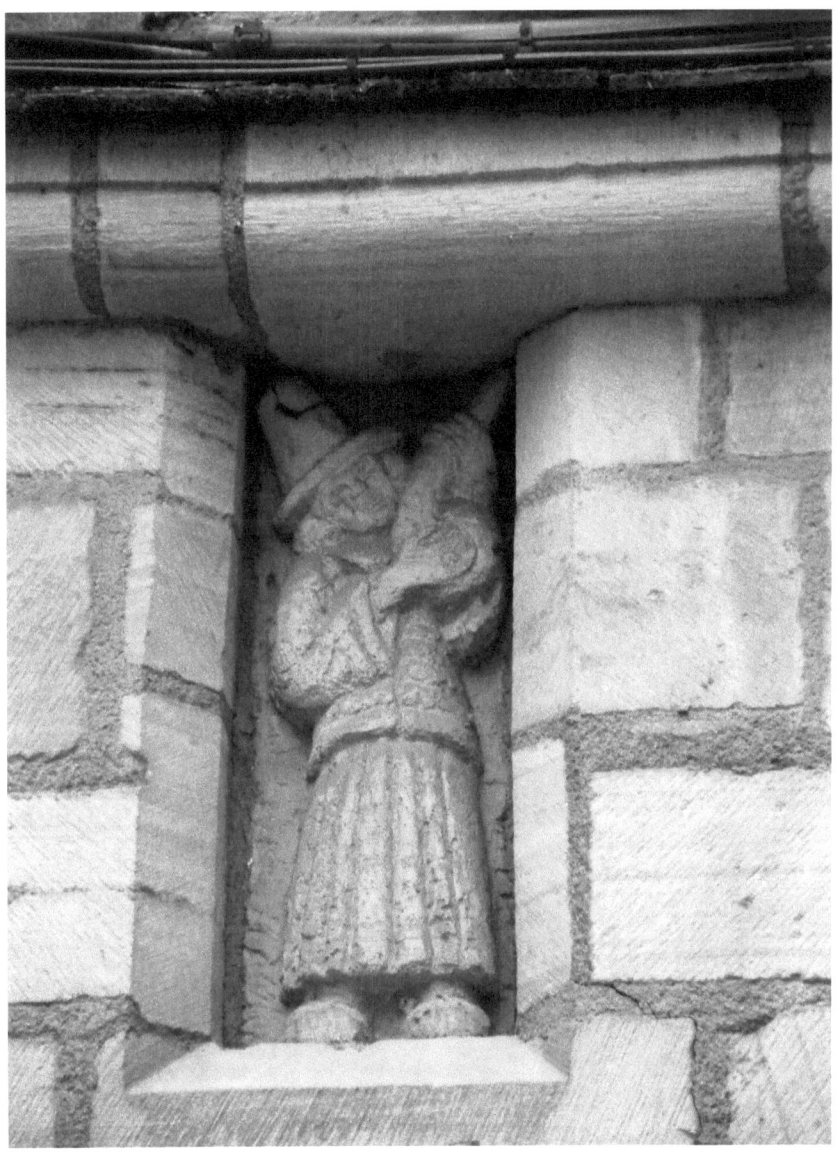

Il faut bien que passe l'électricité et de toute manière les photographes n'ont qu'à utiliser un plan moins large !

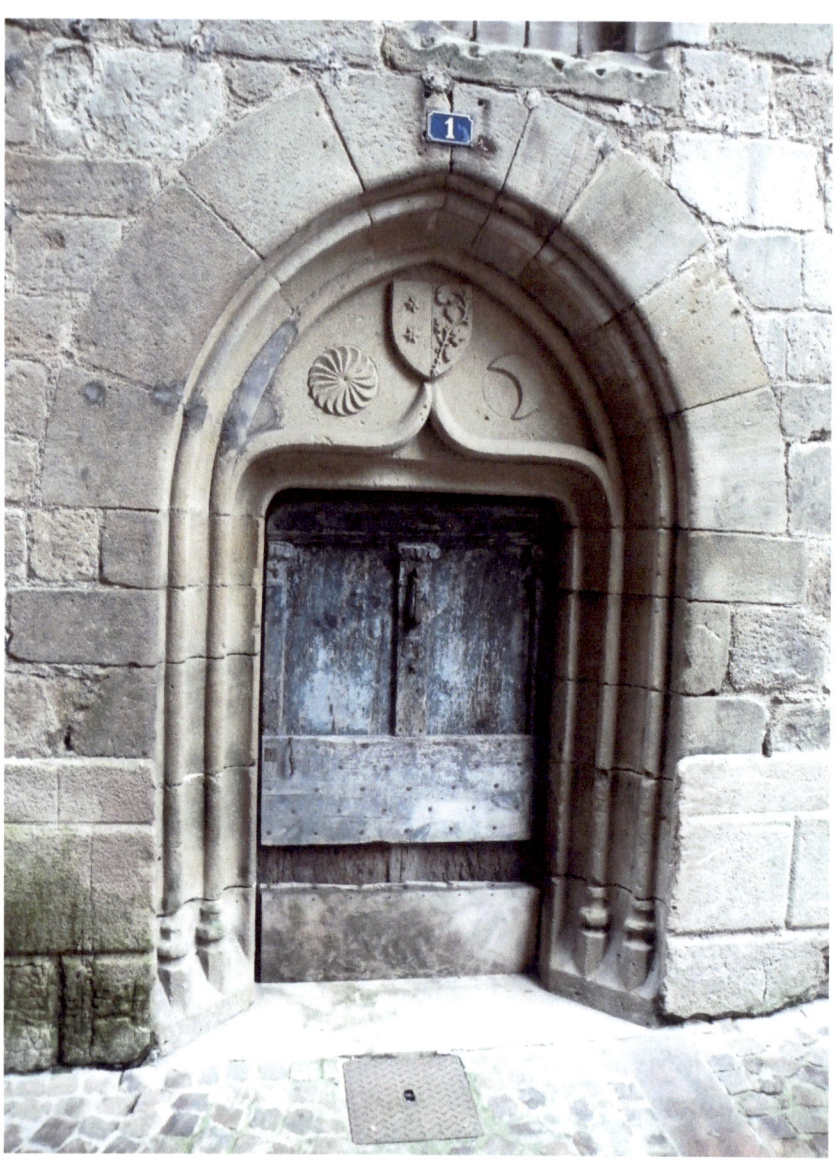

Fête du livre 1998. Le 5 février, j'avais renvoyé, de Cahors, le document idoine, complété, accompagné du chèque numéro 461996.
12ème fête du livre de Figeac.
25 Avril : 14H30 à 19H ;
26 Avril : 10h à 12H30 ; 14H30 à 18H

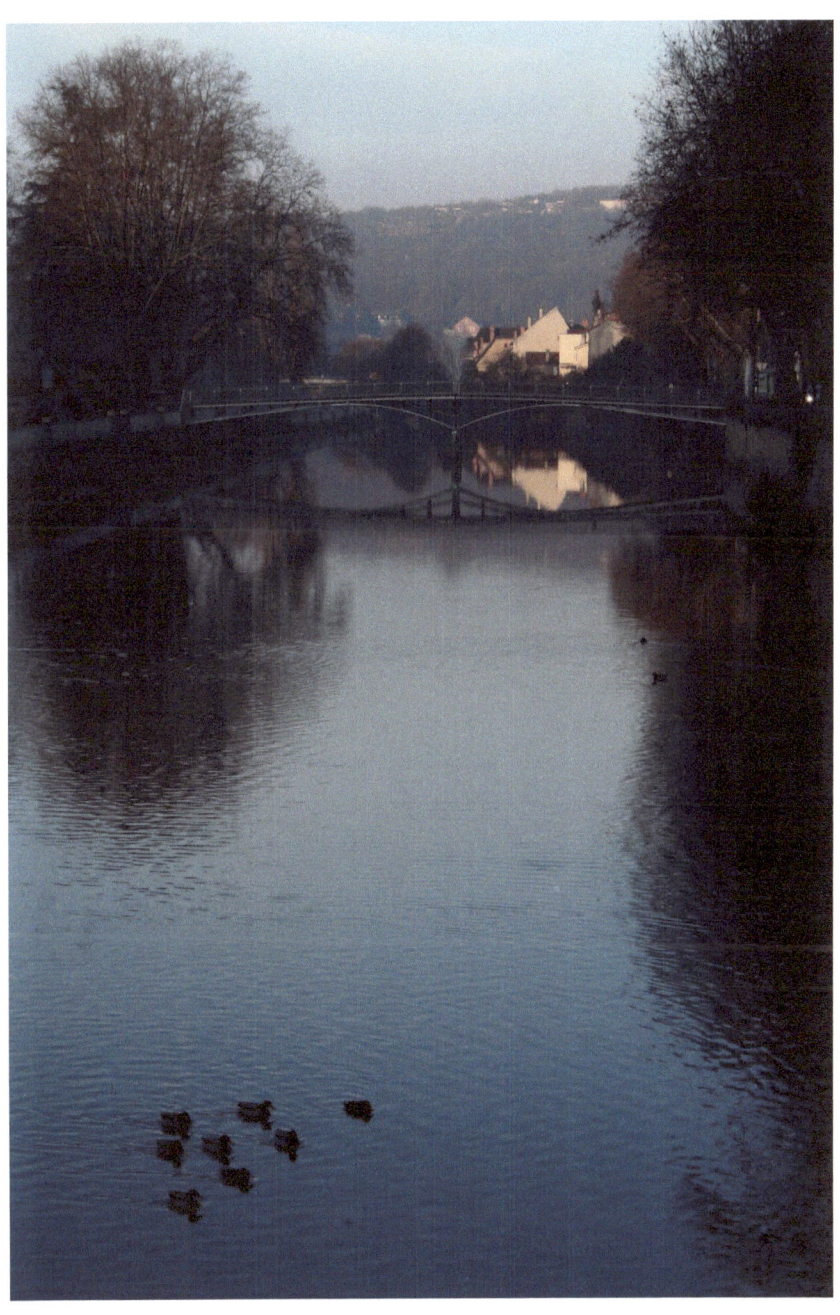

Le jour s'est levé sur une étrange idée : un vieil homme s'est écrasé lors d'un saut en parachute. Son parachute ne s'était pas ouvert.

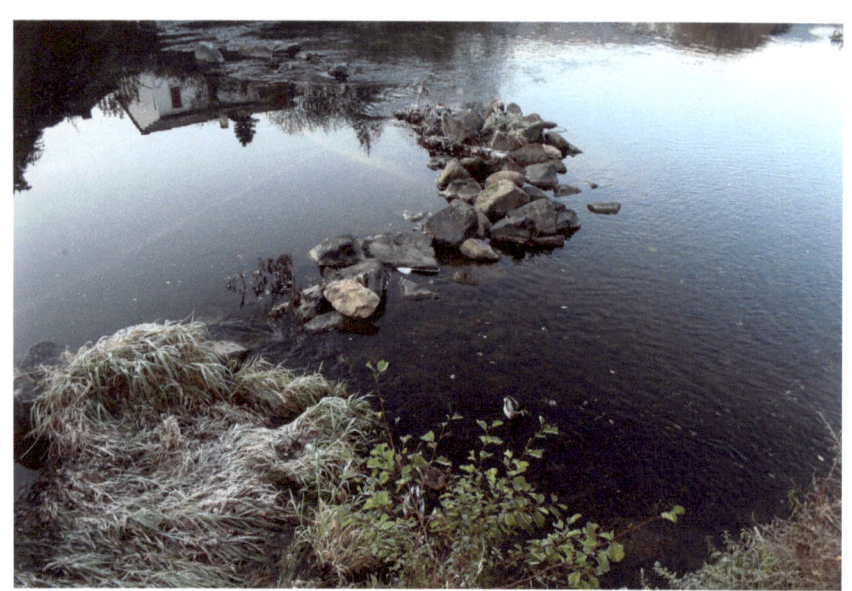

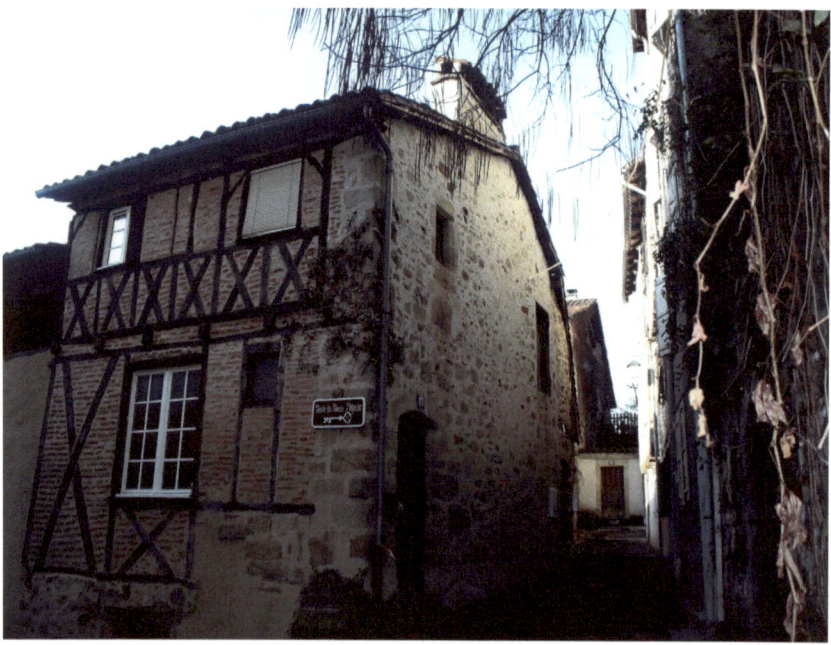

Le saut en parachute était offert par François Hollande... Je continuais de marcher...

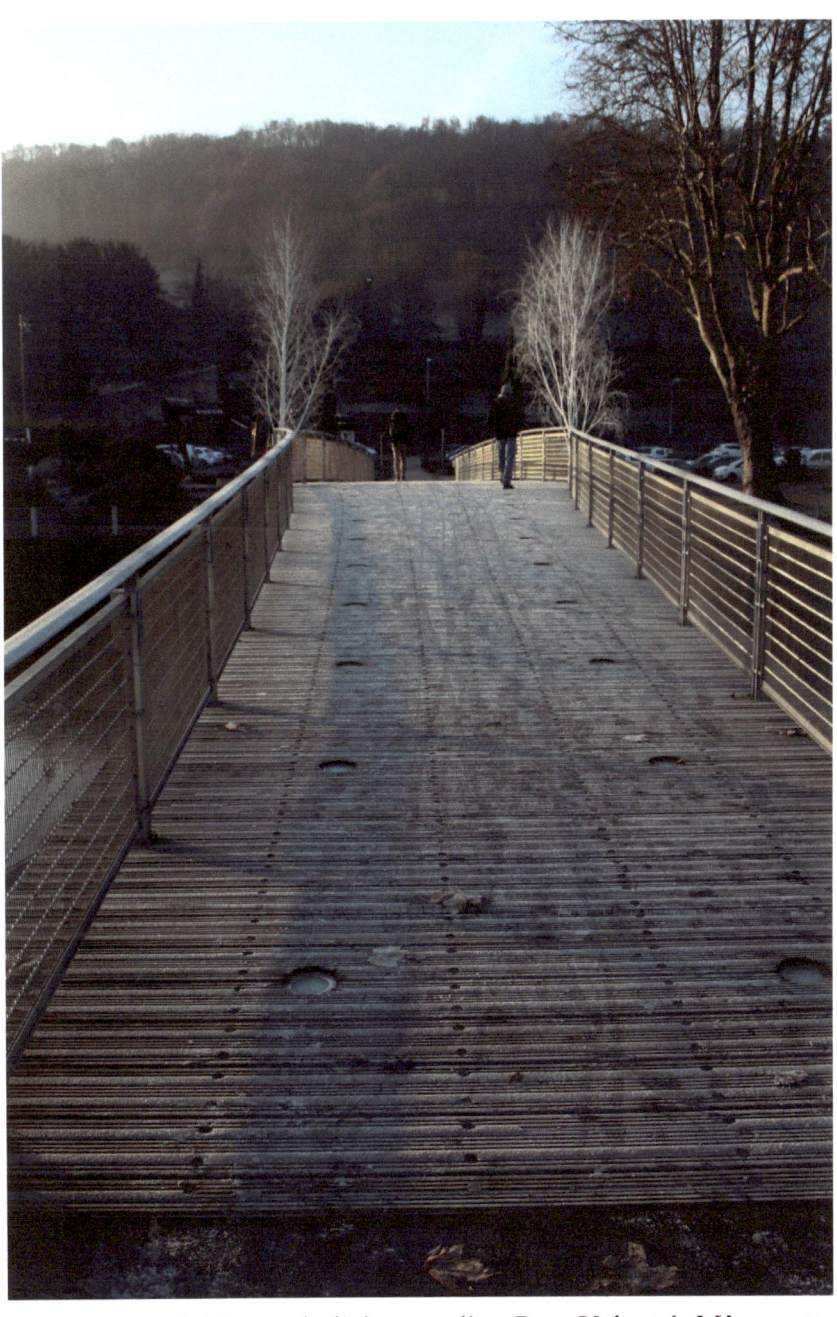

Rien ne console Figeac de l'absence d'un Pont Valentré. Même cette réplique style fin de millénaire.

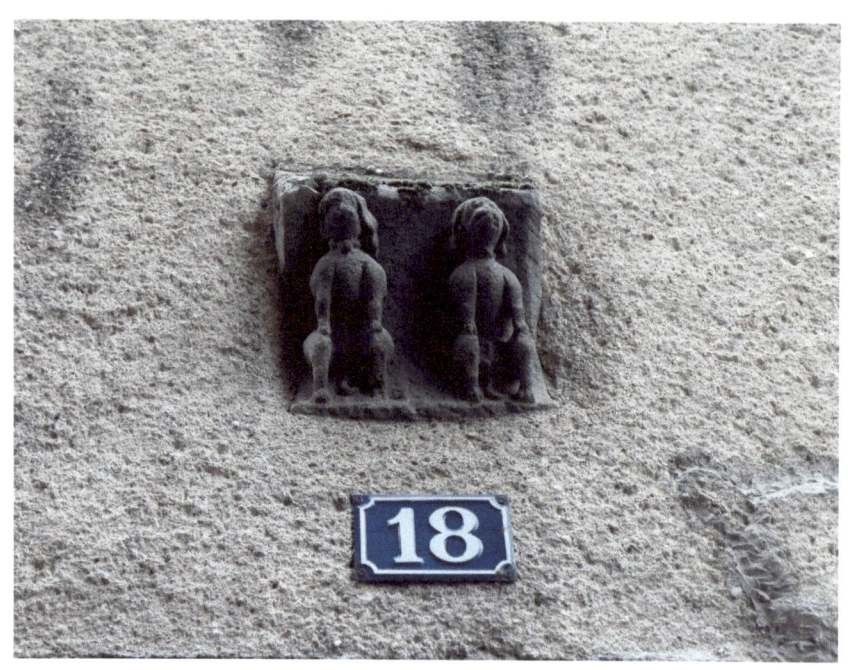

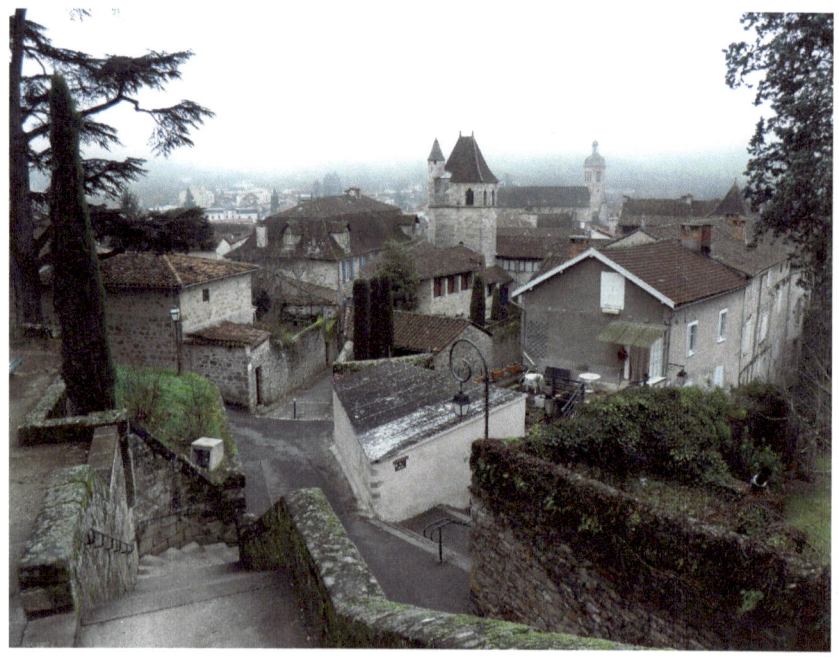

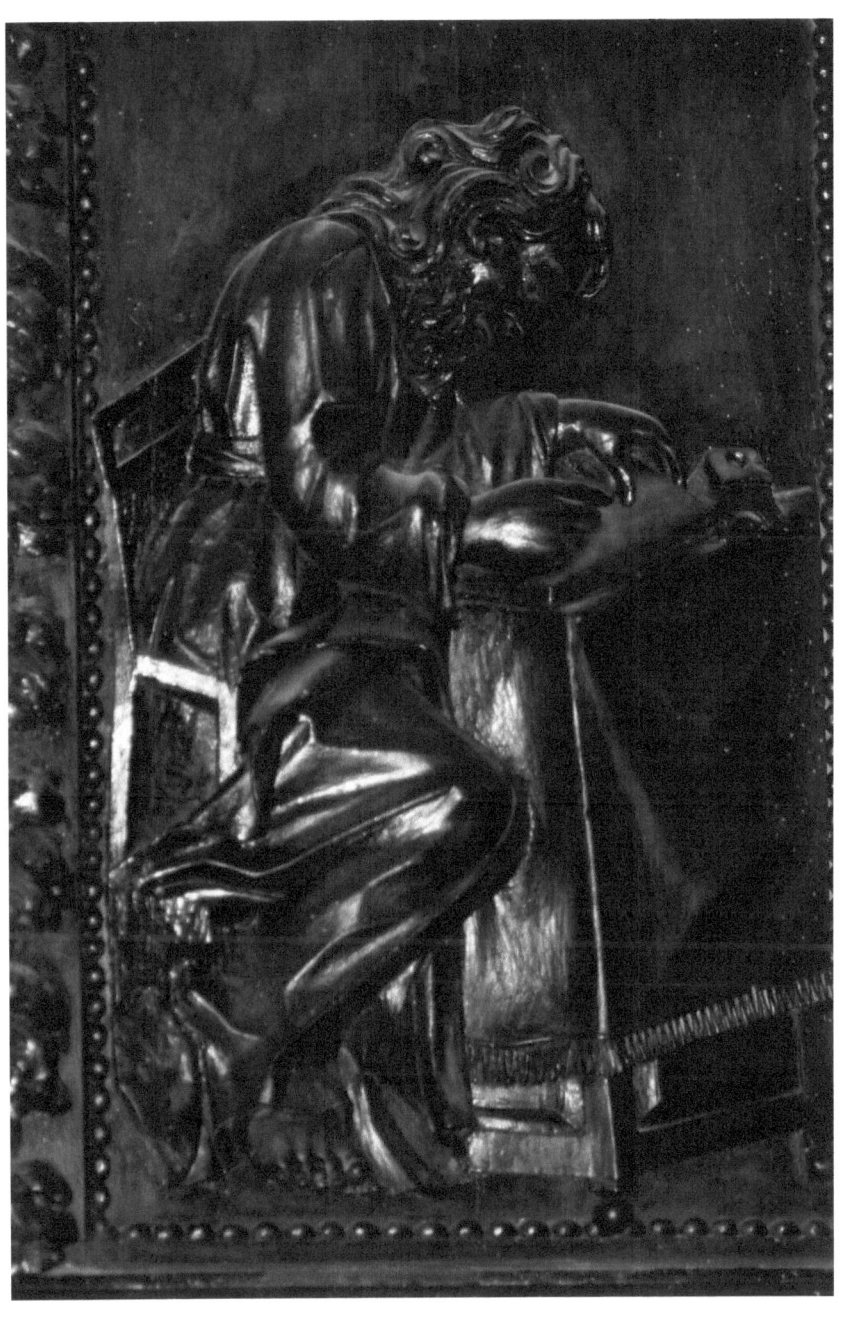

En l'église Notre Dame du Puy.

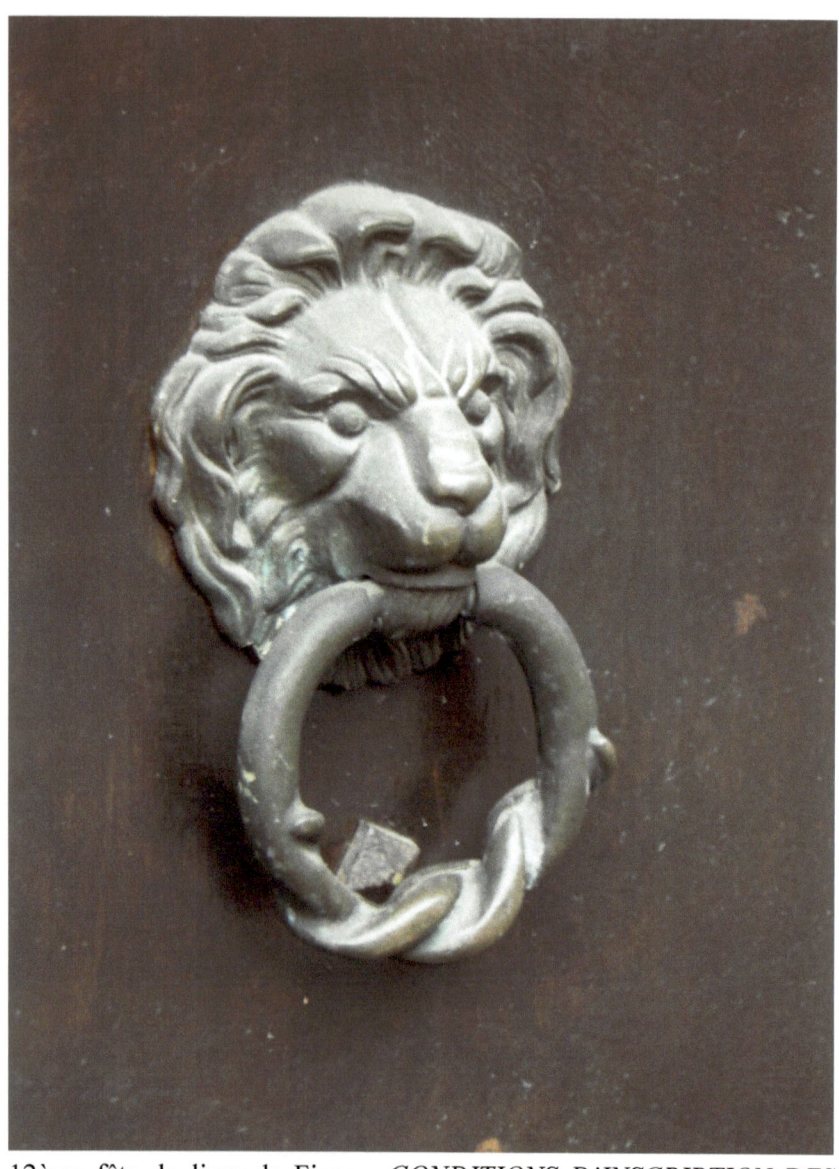

12ème fête du livre de Figeac. *CONDITIONS D'INSCRIPTION DES AUTEURS INDEPENDANTS*
- *Seuls les auteurs sont acceptés dans la limite des places disponibles, (ni libraires, ni éditeurs).*
- *Tous les frais inhérents à cette manifestation sont à la charge de l'acteur (transport, restauration, hébergement)*

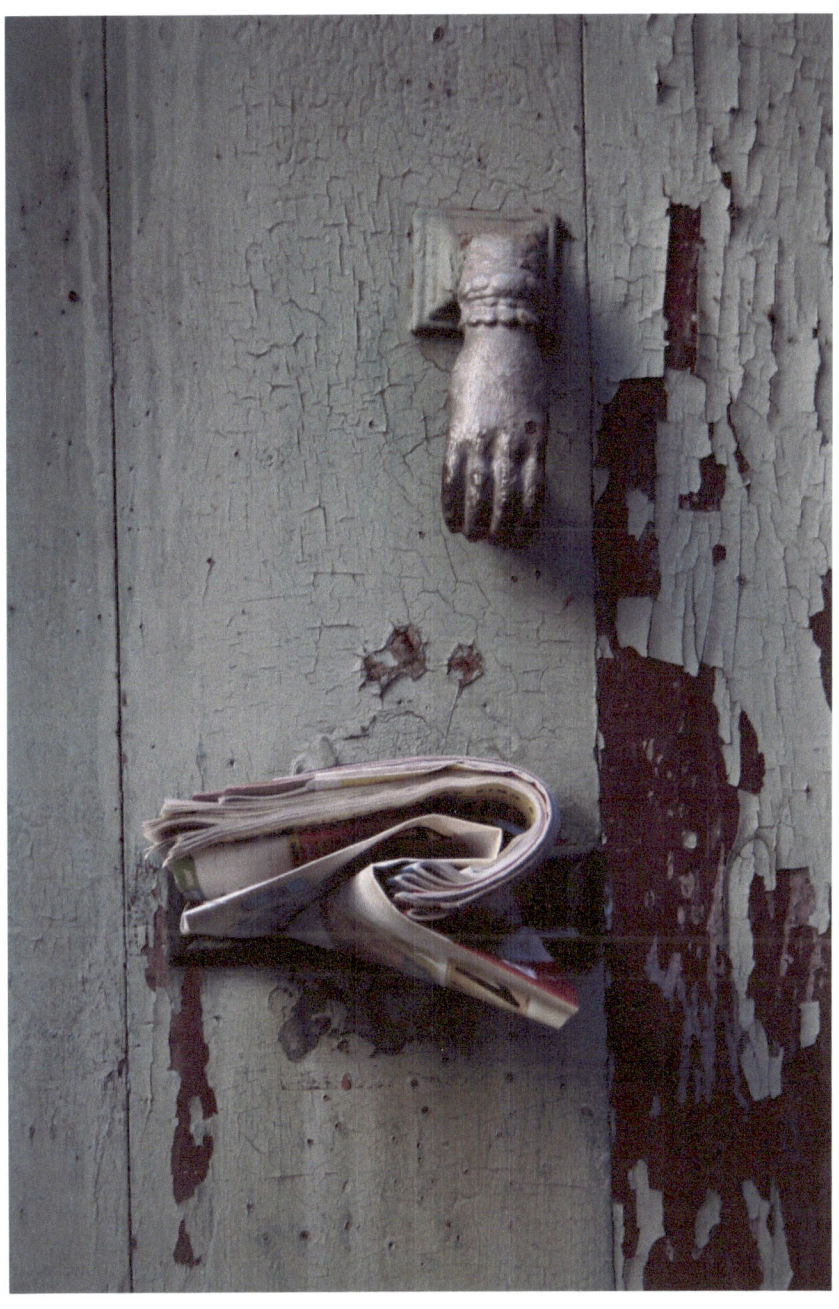

12ème fête du livre de Figeac. - *Toute inscription devra s'accompagner d'un chèque à l'ordre de "Lire à Figeac"*.

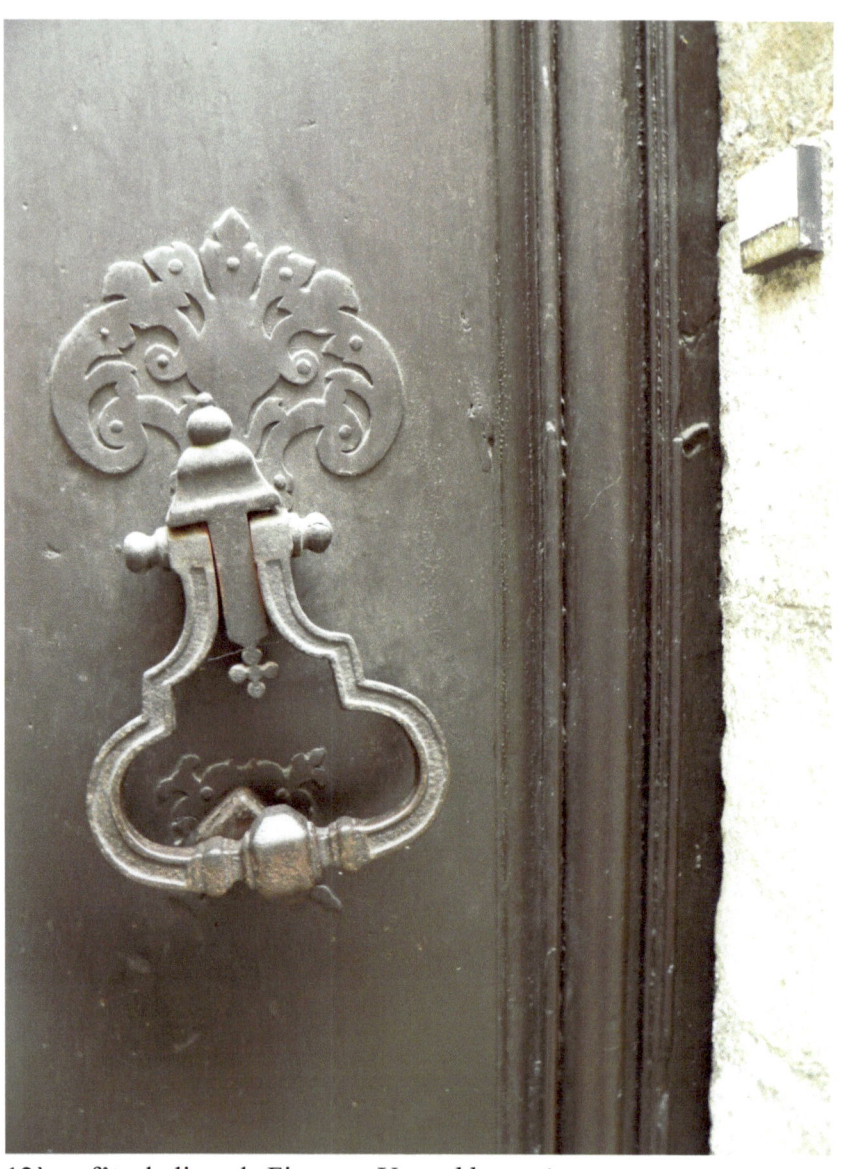

12ème fête du livre de Figeac. - *Une table maximum par auteur :*
* Lot : une table : 160Frs, une 1/2 table : 80Frs.
* Autres départements : une table : 320Frs, une 1/2 table : 160Frs.
- L'auteur aura à charge d'amener ses ouvrages, un emplacement lui sera réservé.
- Le nom de l'auteur n'apparaîtra pas sur le programme.

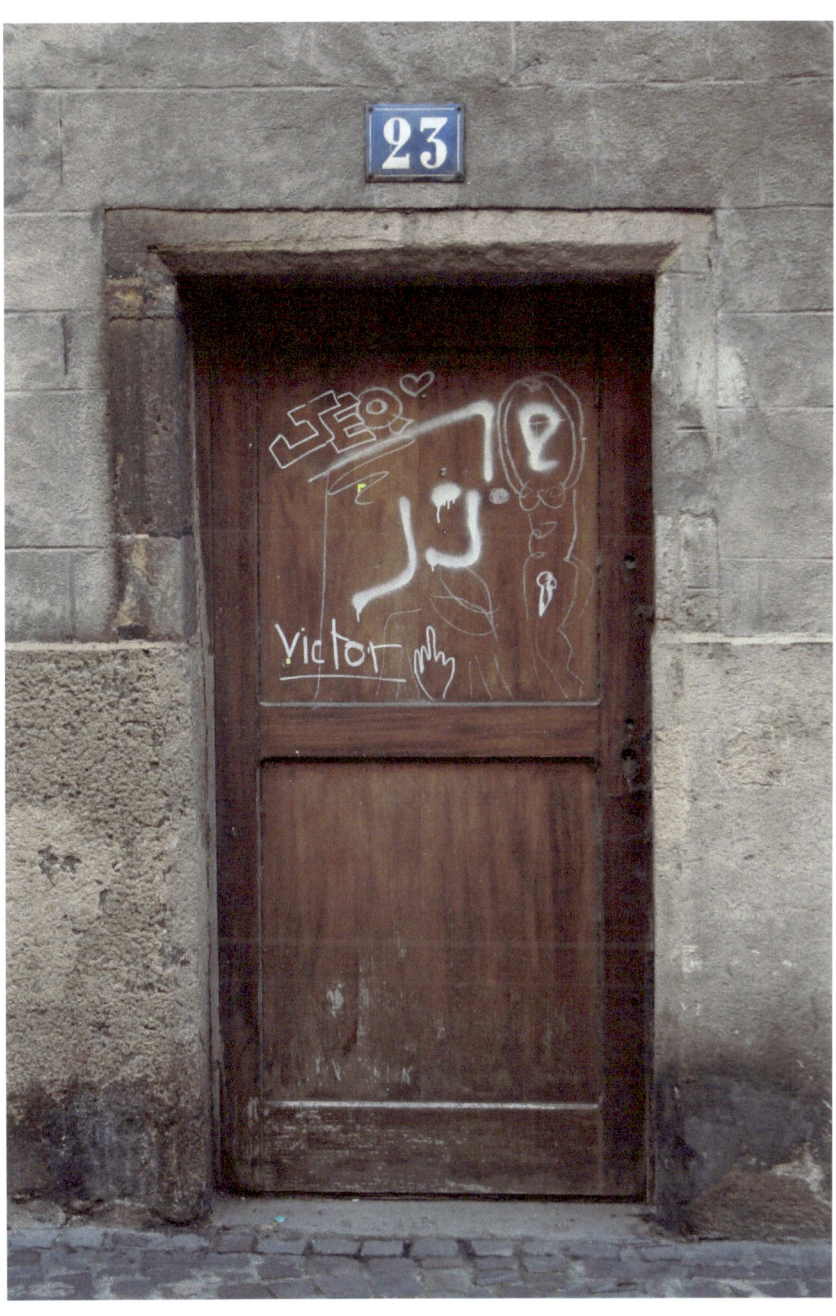

La bonne porte de Figeac ?

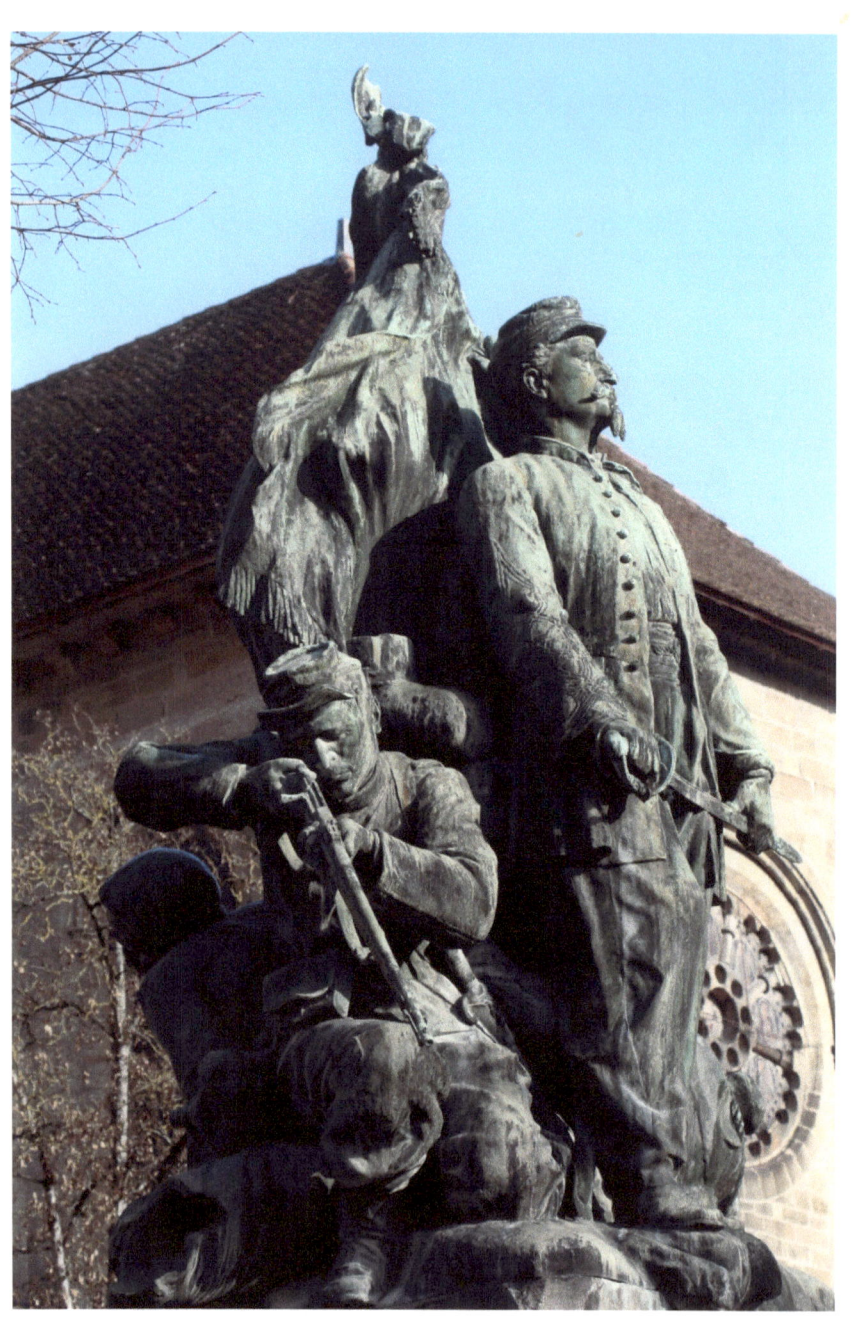

Je me sens toujours visé. Deviendrais-je parano ?

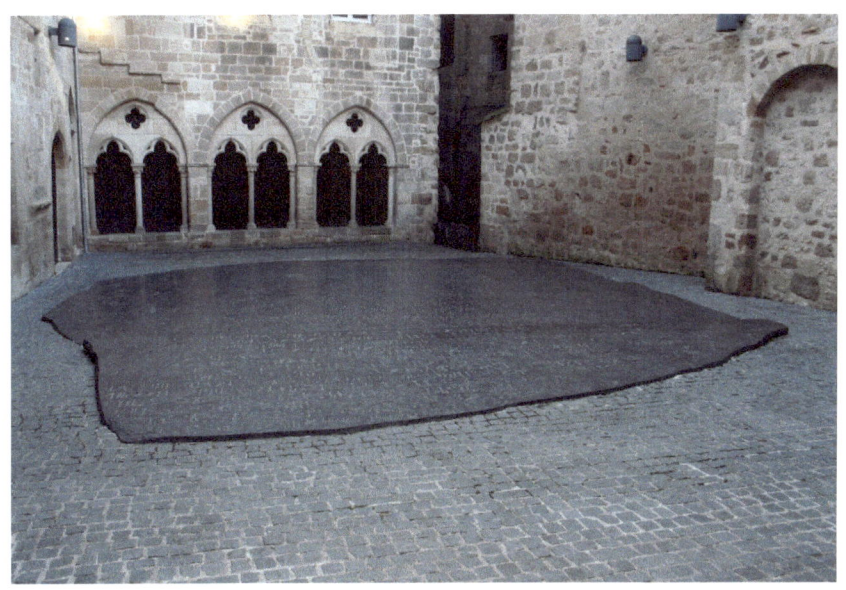

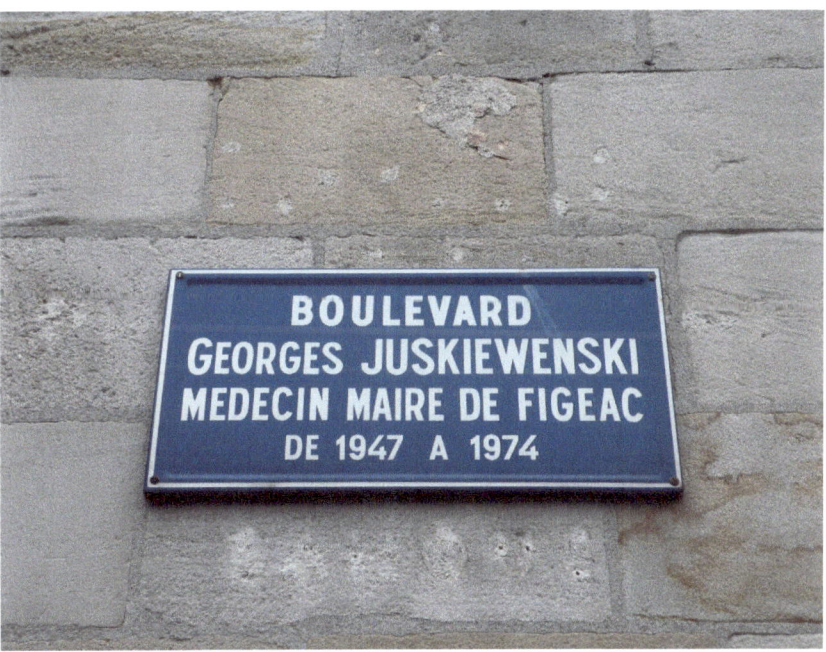

D'autres seront oubliés.

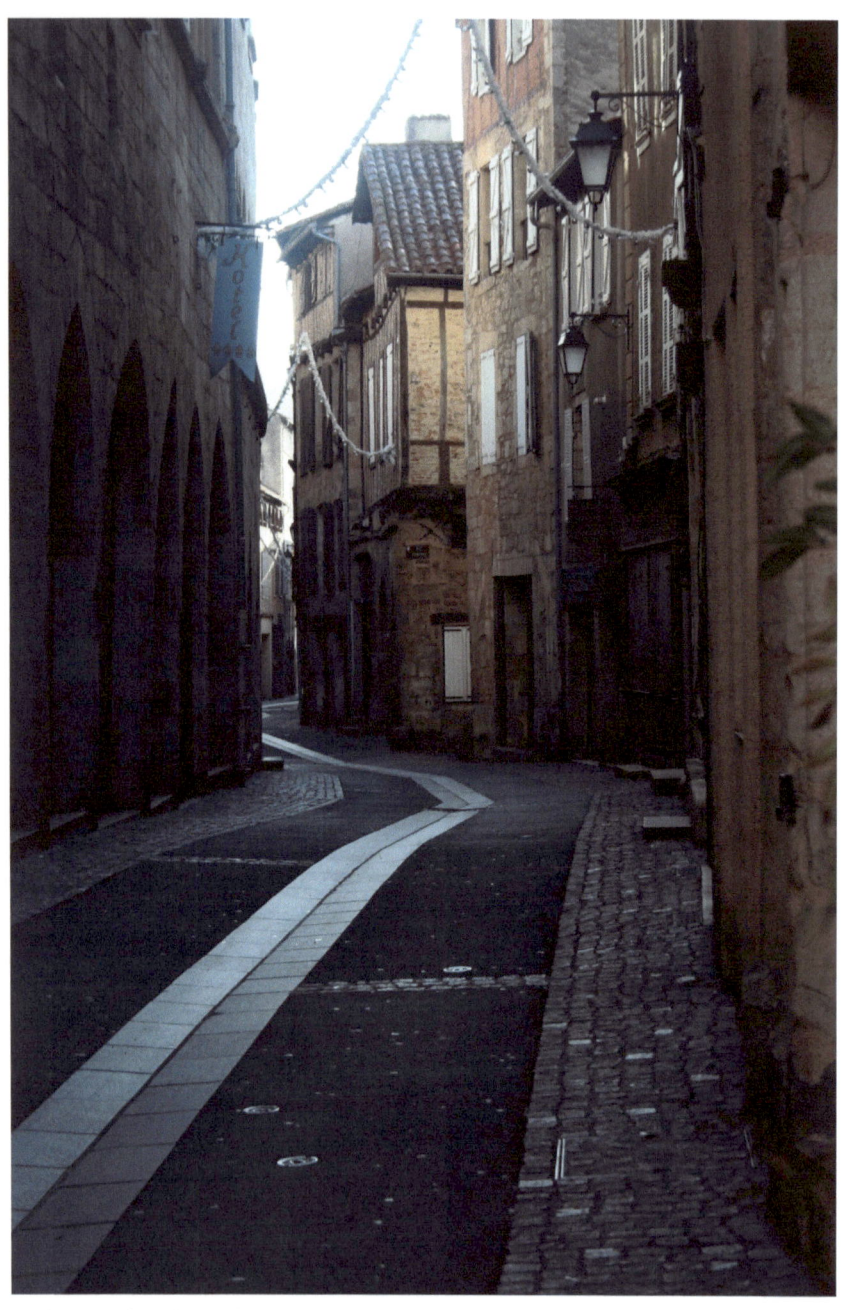

J'ai marché dans les rues de Figeac. Qui s'en souviendrait sans ce livre ?

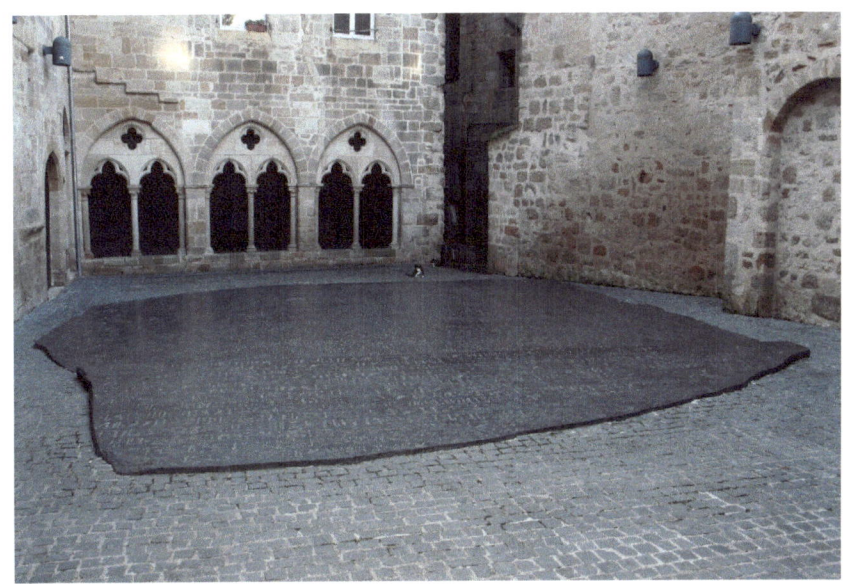

Deux chats, ça change tout !

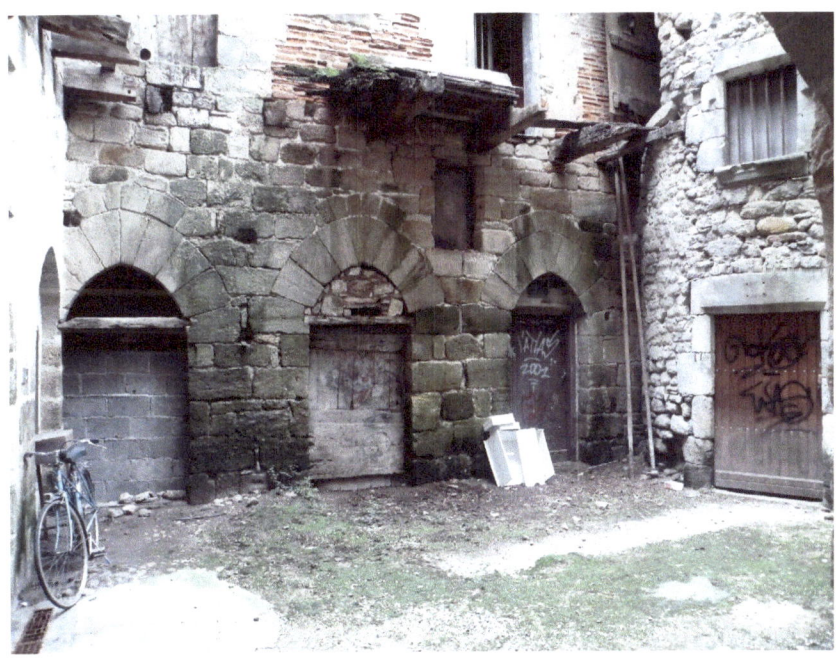

À côté, en 2013... Parfois, une ville, ça change, rapidement. Le changement c'est maintenant ? Ah non, trop tard, il est passé...

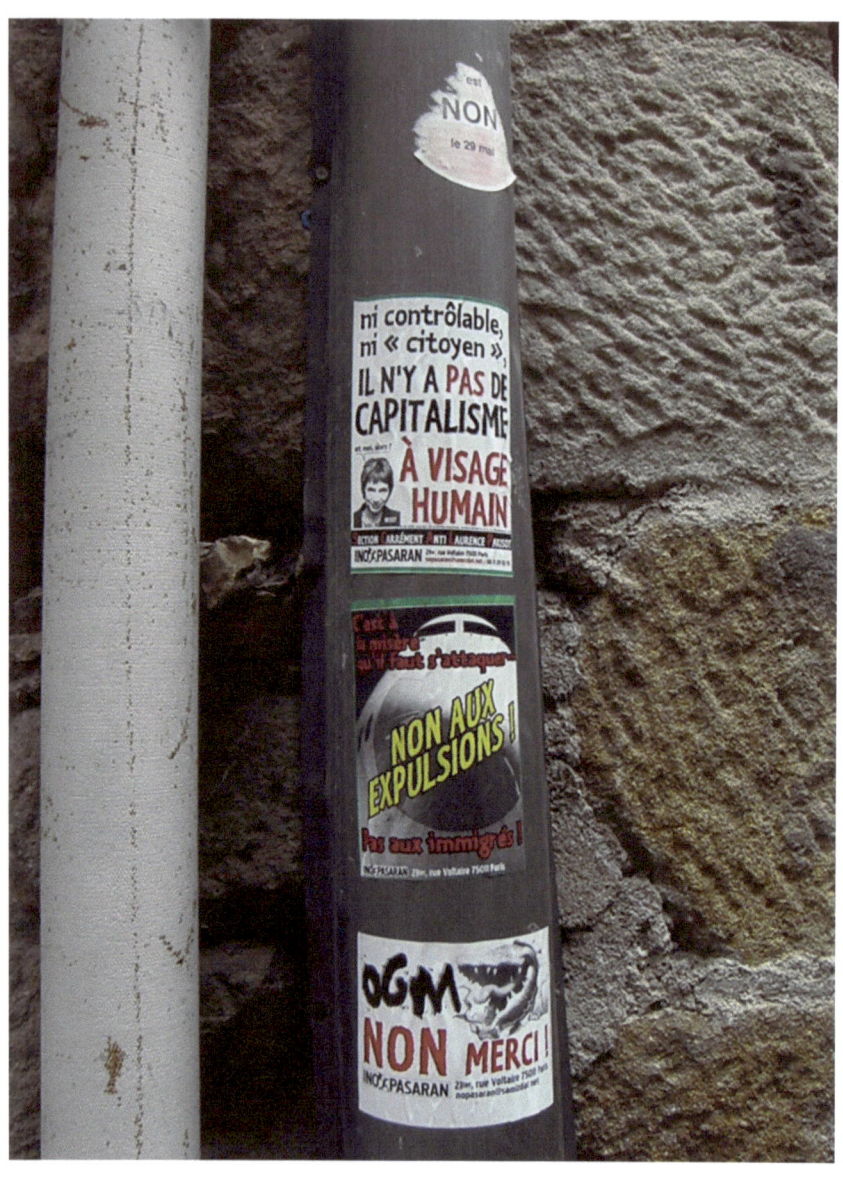

De l'utilisation des tuyaux à Figeac, en janvier 2013.

Même à Figeac, il y avait du mécontentement dans l'air ?

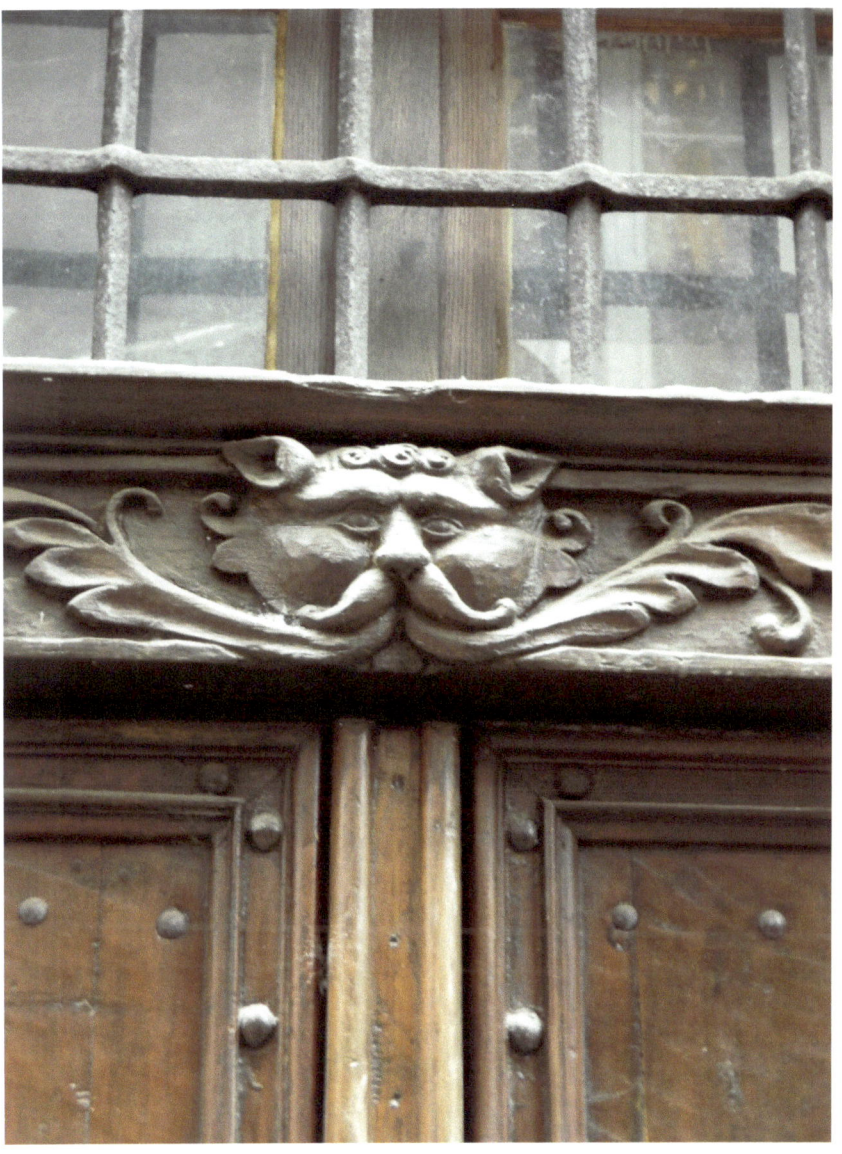

12ème fête du livre de Figeac. - *Le bénéfice de la vente de ses ouvrages lui reviendra en totalité.*
- *L'auteur devra se présenter à la Salle Balène, Quai Bessières, 13H30. (l'ouverture au public se fera à 14H30)*

Bulletin à remplir et à renvoyer à "LIRE A FIGEAC" Boulevard Pasteur 46100 FIGEAC

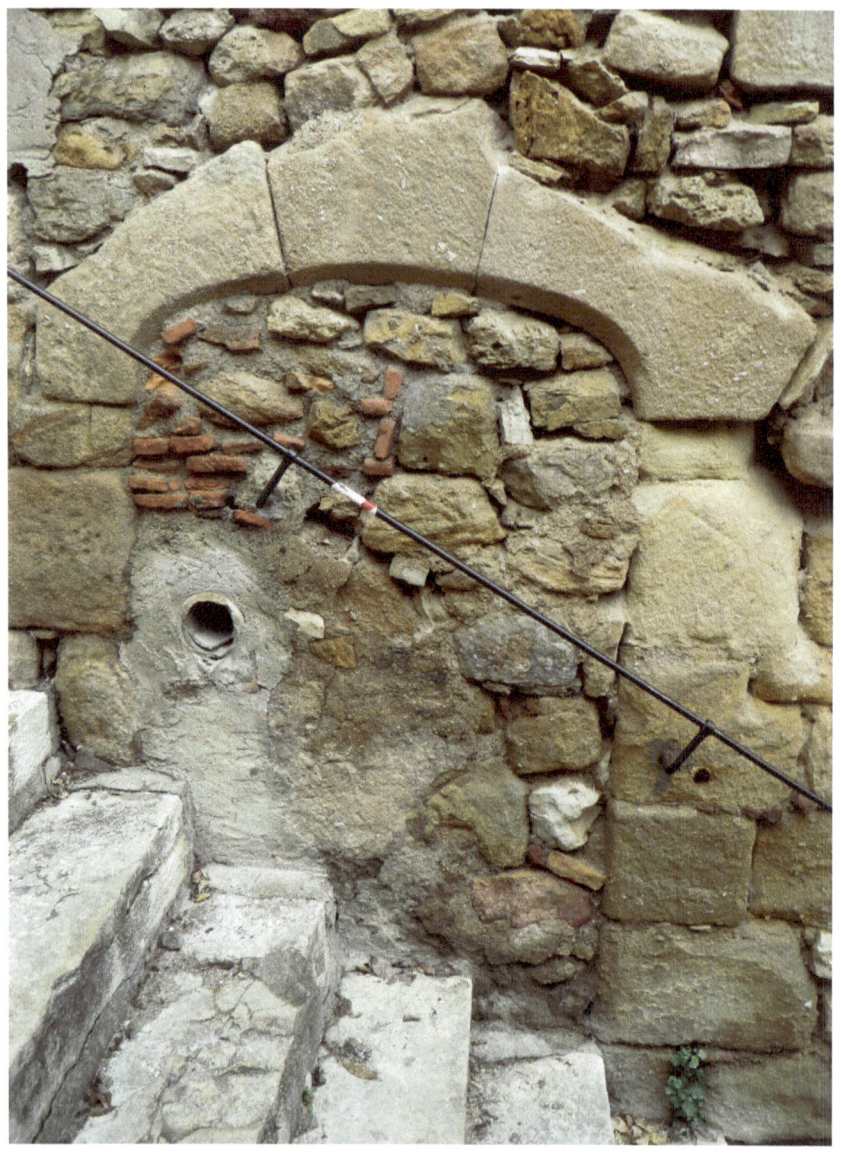

12ème fête du livre de Figeac. *Je reconnais avoir pris connaissance des conditions d'inscription et m'engage à les respecter.*

Aucun respect pour ce genre d'approche. Mais je les ai respectées, les conditions...

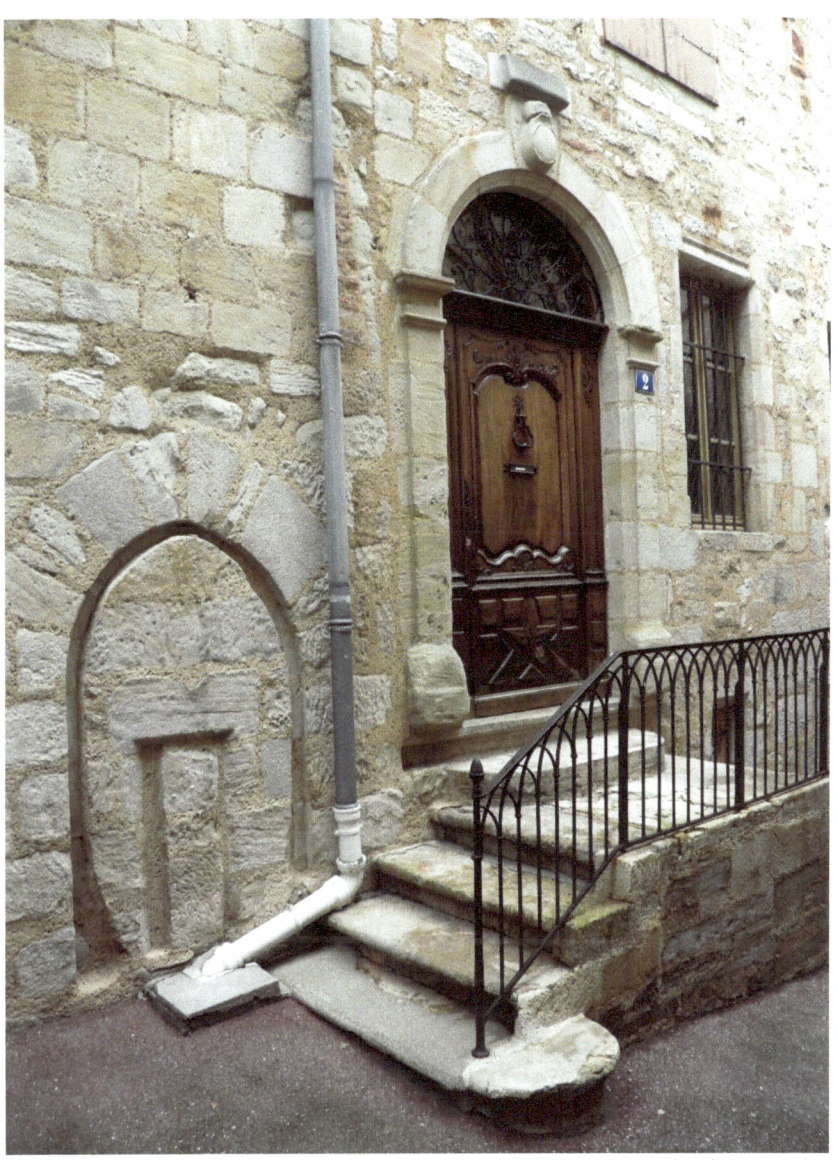

La phrase « *seuls les auteurs sont acceptés dans la limite des places disponibles, (ni libraires, ni éditeurs)* » témoignait disons d'une imprécision dans la considération de cette activité, les auteurs indépendants, se trouvant être éditeurs, juridiquement. Mais on ne peut peut-être pas demander à des gens au mépris si évident de nous respecter ...

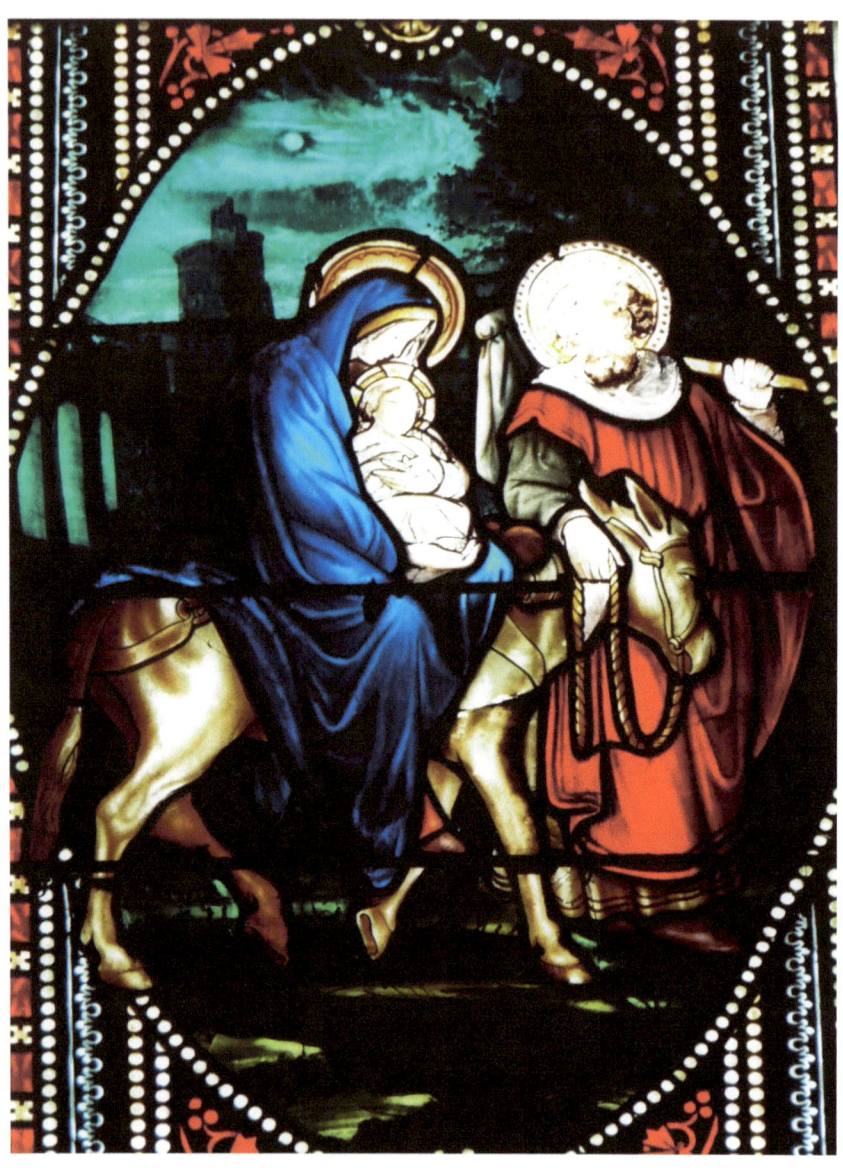

Des Vitraux de 1872 en l'église Saint Sauveur. Ils furent réalisés par Joseph Villiet, maître-verrier majeur du sud-ouest, installé à Bordeaux.

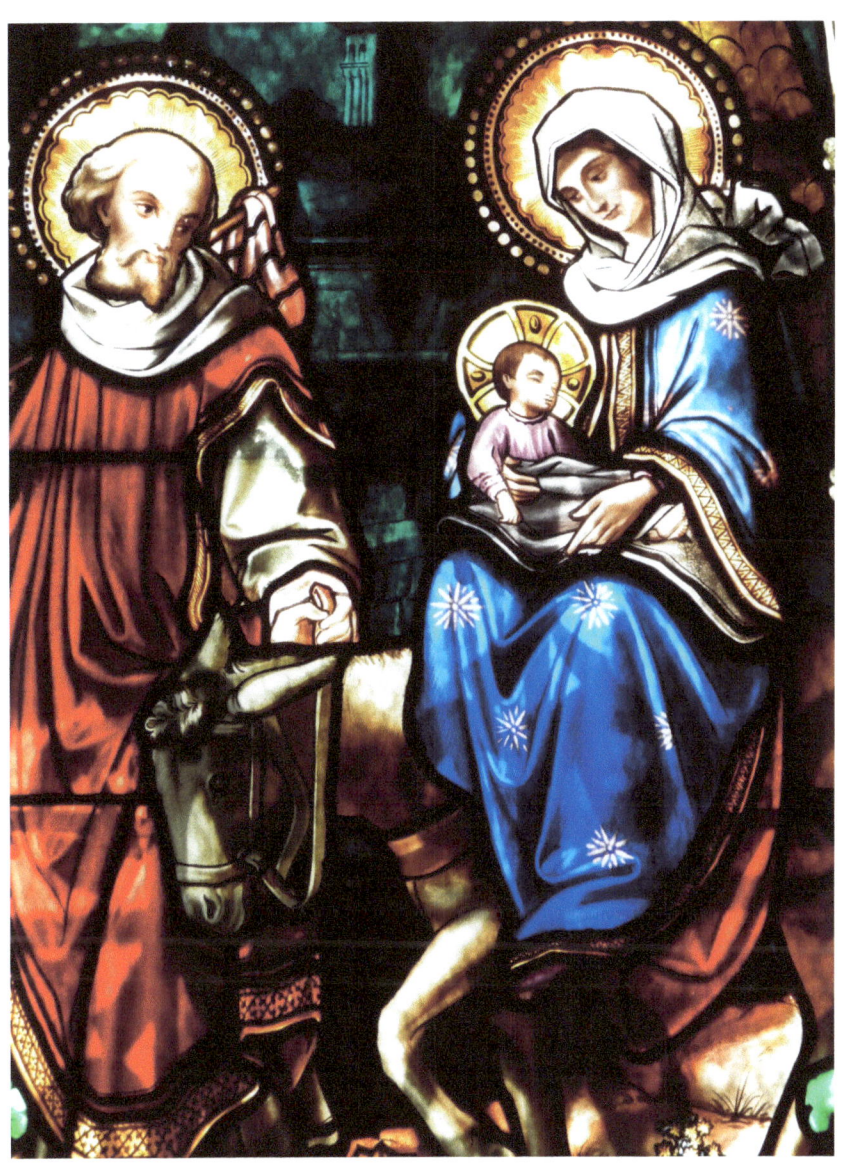

Des Vitraux de 1883 en l'église Saint Sauveur, chapelle notre Dame de Pitié. Ils furent réalisés par Henri Feur, collaborateur puis successeur de Joseph Villiet.

"J'aime les ânes, les vrais". Il s'agit du titre d'un de mes livres.

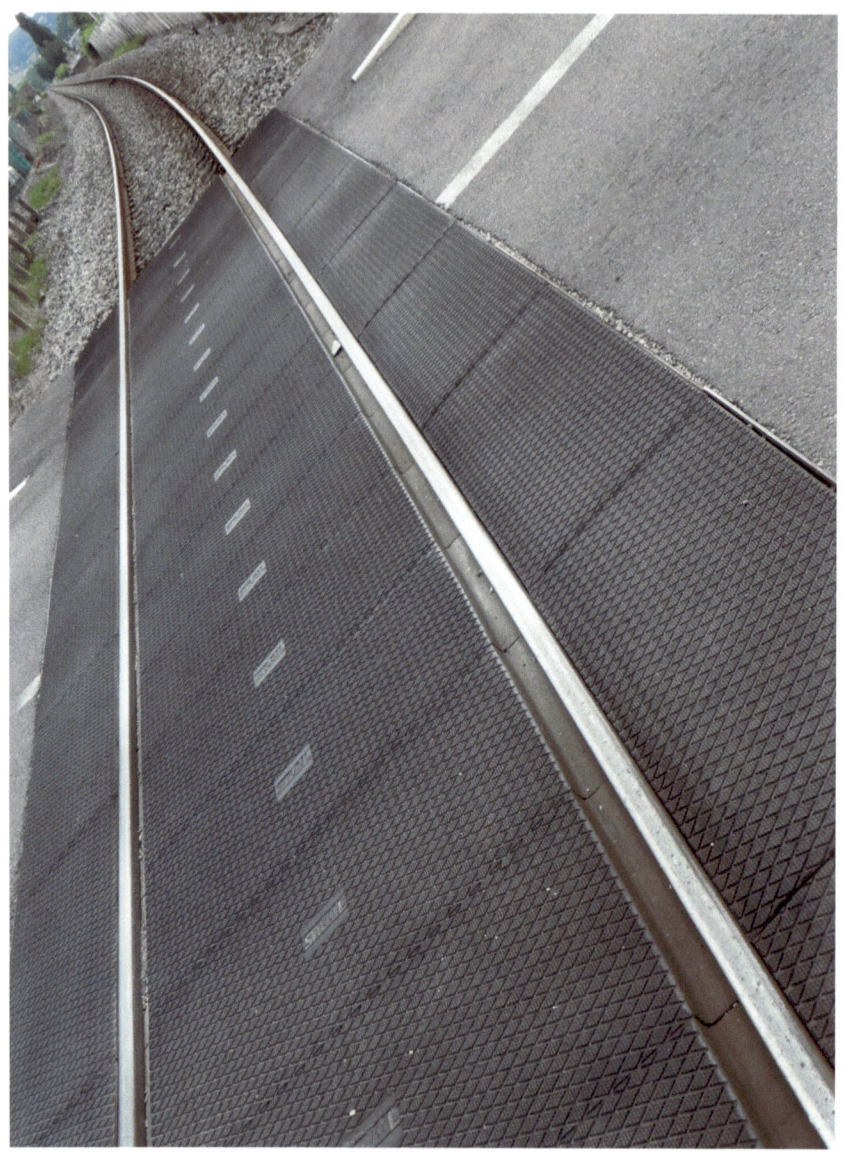

Et si on venait en train à Figeac ?... ouais mais on n'a pas de gare dans le sud du Lot...

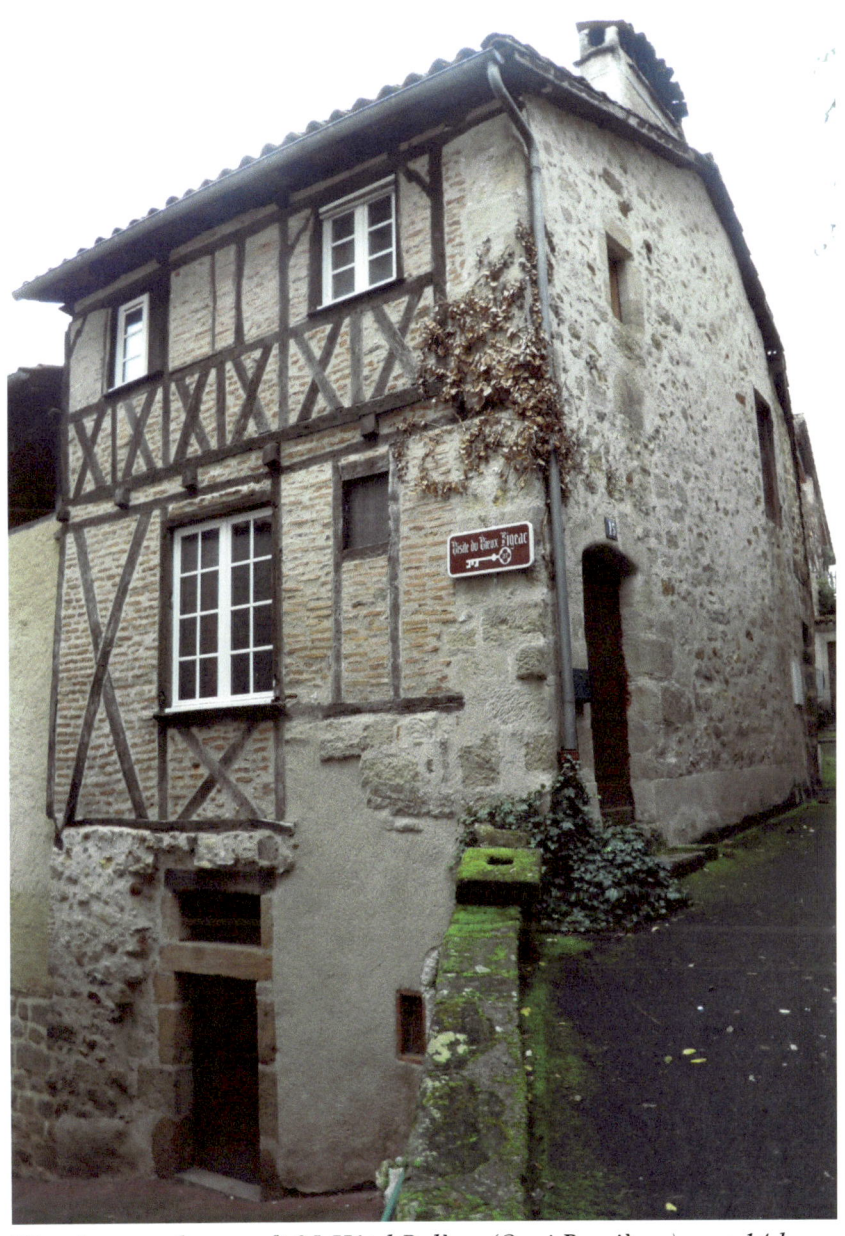

"*Rendez-vous le samedi 25 Hôtel Balène (Quai Bessières) vers 14 h.
A bientôt
DL*" Un petit mot manuscrit envoyé de Figeac le 14-4-98, avec le programme "*Cultures et Droits de l'Homme*",

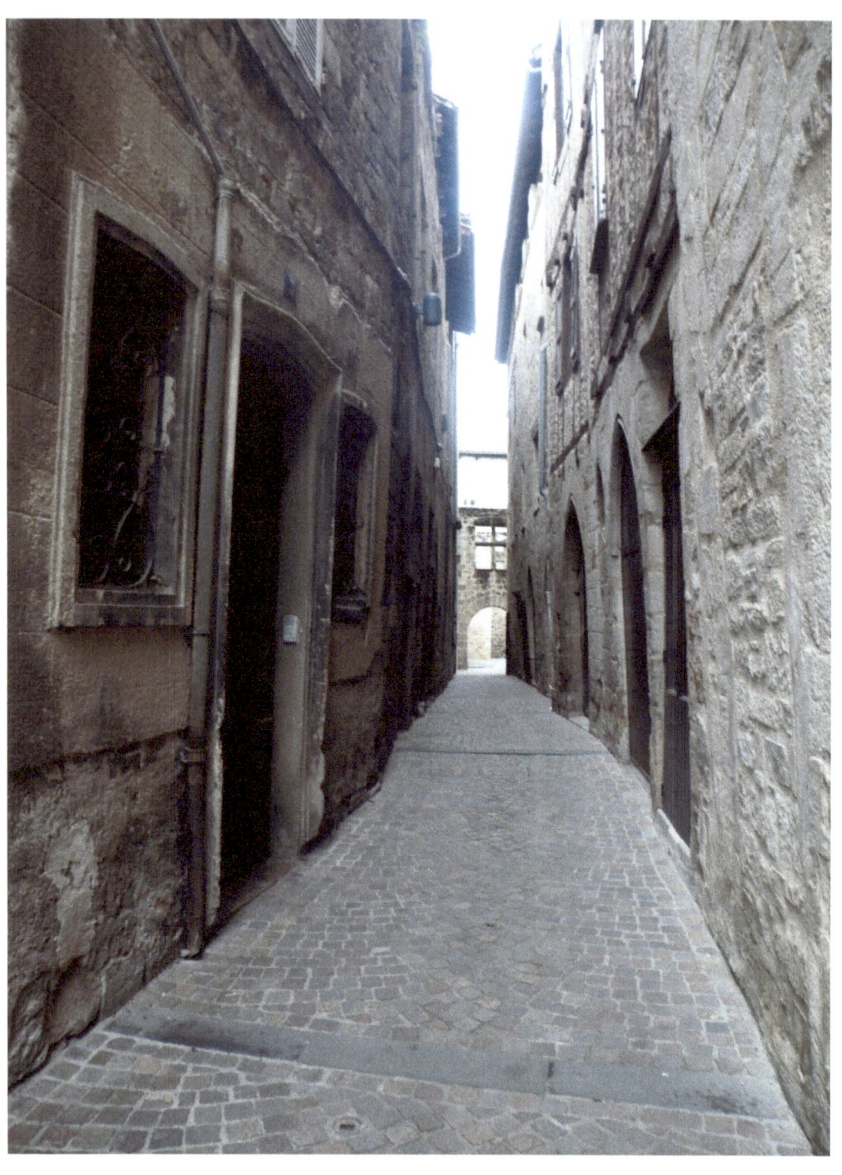

"*Cultures et Droits de l'Homme*". Eh oui, on peut se gargariser des "Droits de l'Homme" et pratiquer l'ostracisme, la ghettoïsation, au quotidien.

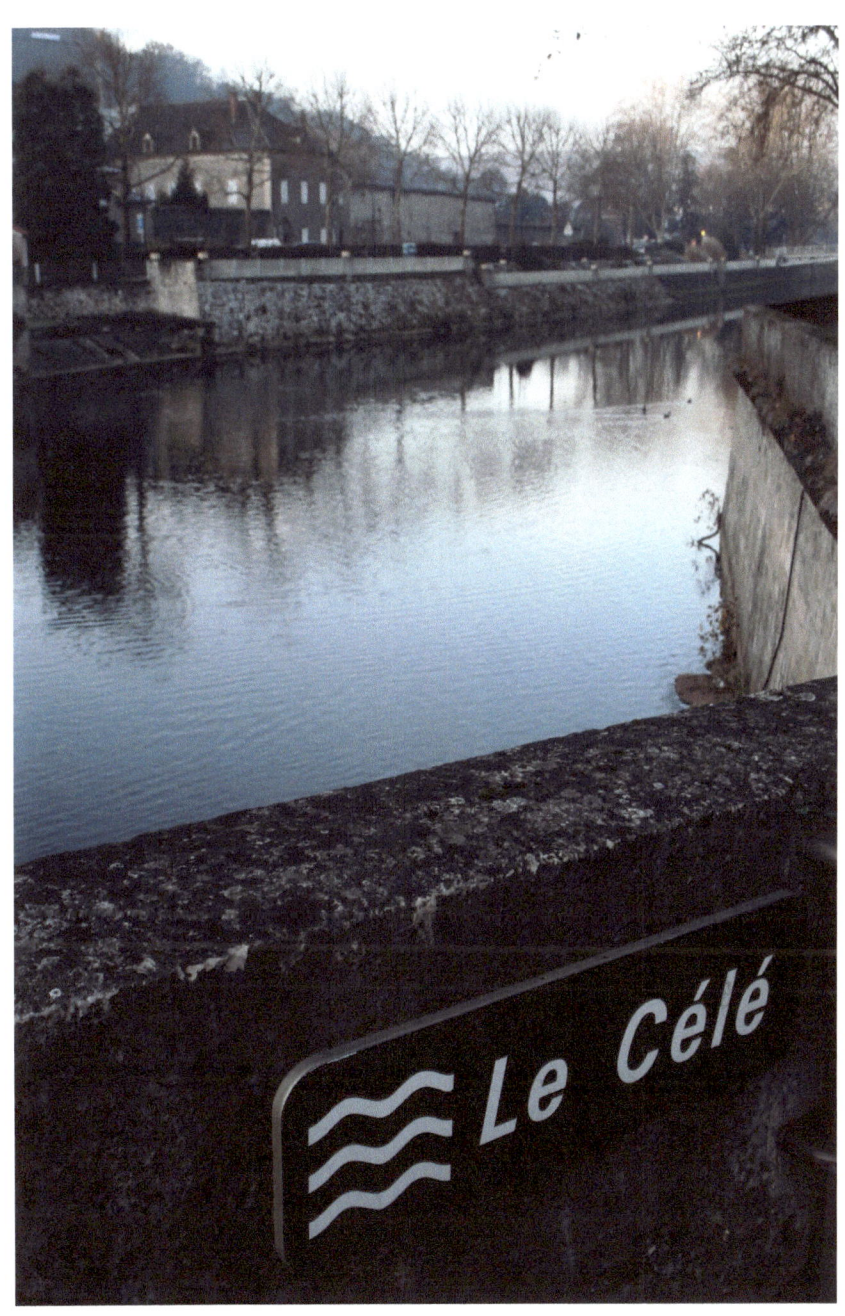

Y'a même pas le Lot à Figeac !
Juste les scellées... sur la Culture. Mais non, LE Célé. Rit ?

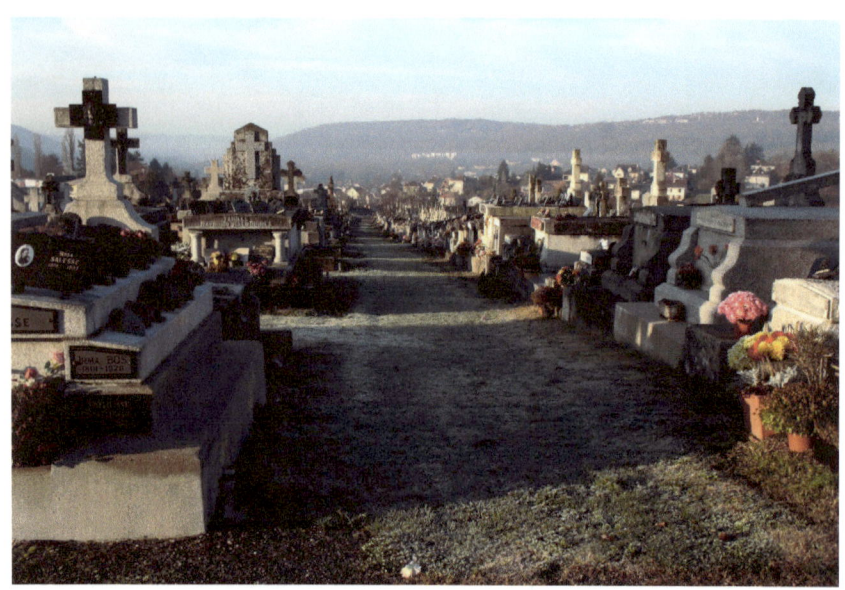

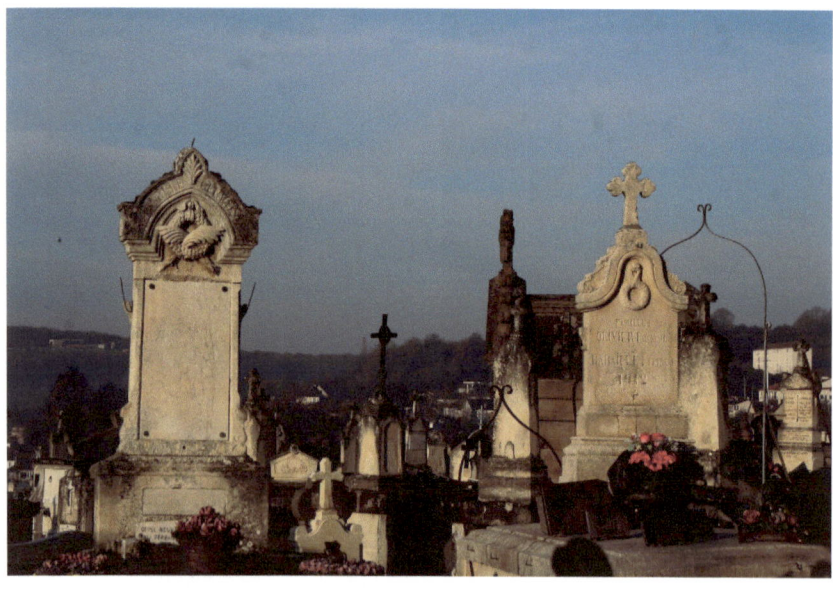

On finit toujours par mourir... à Figeac. Malheureusement ailleurs également...

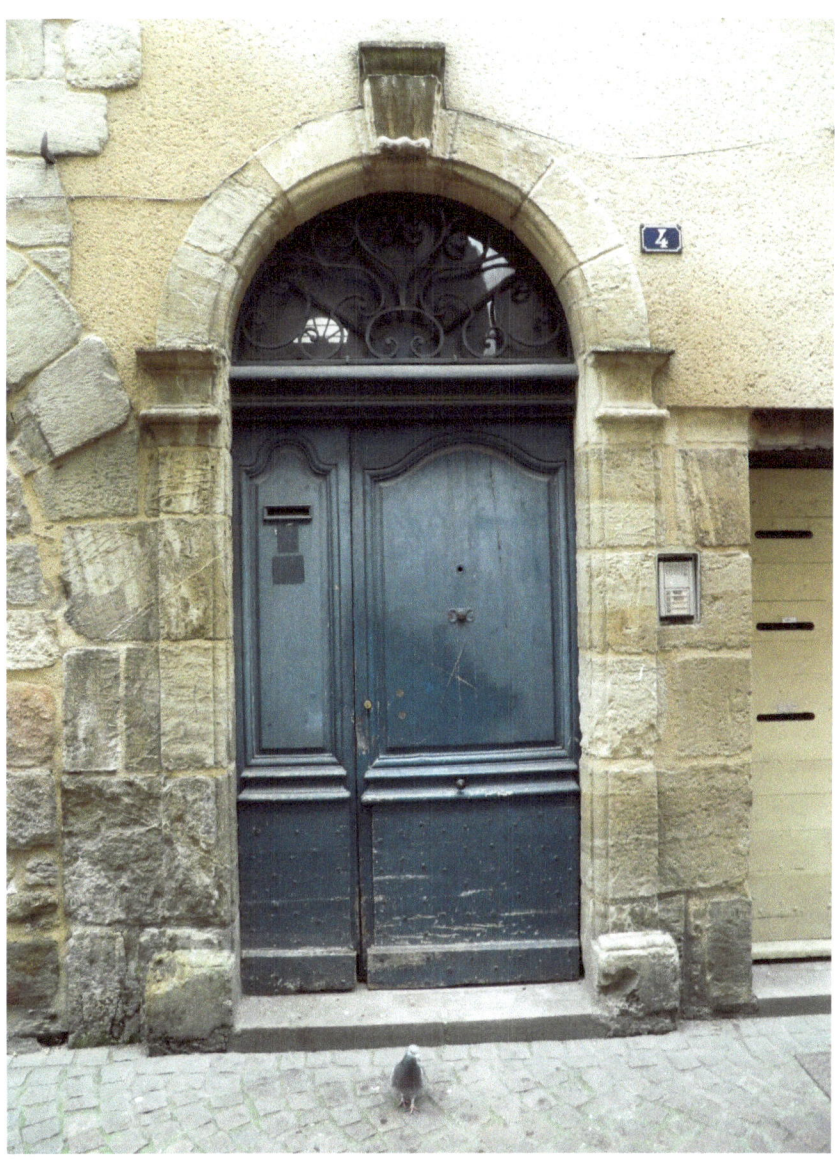

Des administrés s'agglutinent parfois devant la porte des élus. Des écrivains également, car y'a des subventions distribuées. Je n'ai jamais eu droit à une bourse du Centre Régional des Lettres, contrairement à de nombreux "presque collègues" inféodés aux éditeurs amis des politiques. L'indépendance est tolérée mais non soutenue dans ce pays. Dans ce domaine...

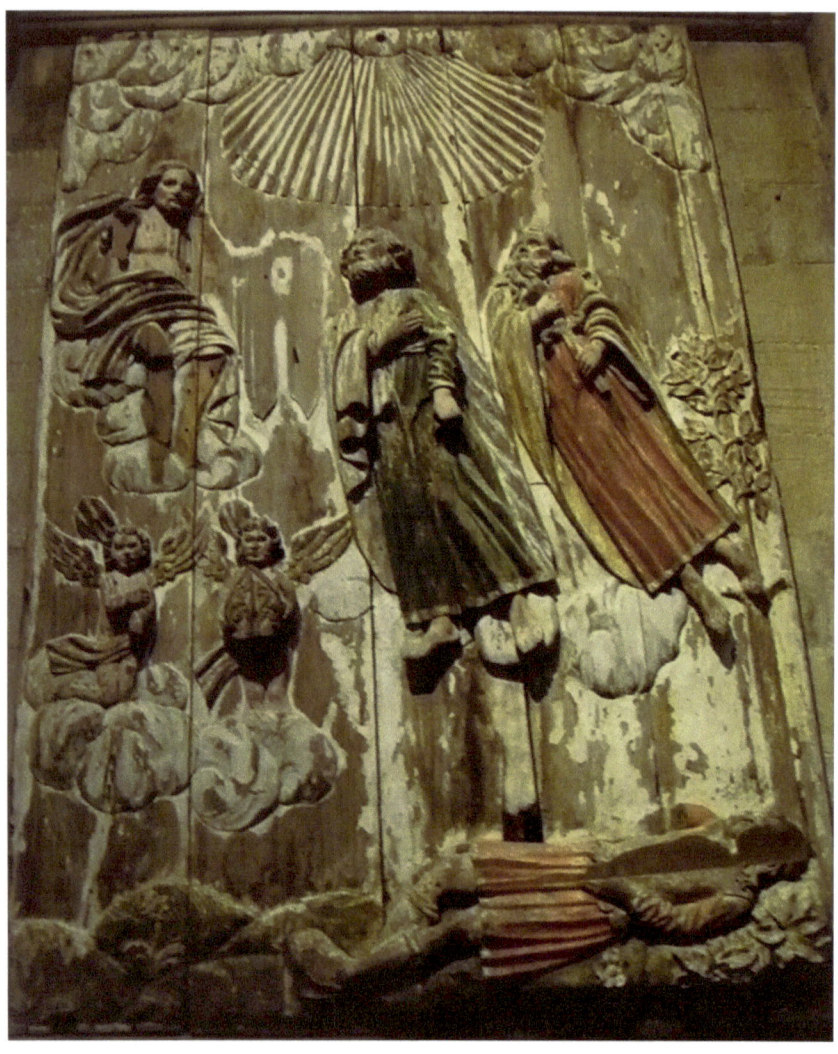

Représentation en bois du songe de Saint Martin Malvy, selon la notice de l'église St Sauveur : endormi dans un pré fleuri, il voit le ciel s'ouvrir...

Le Christ tient sur son bras droit le manteau du mendiant Ternoise et converse avec Saint Pierre Mauroy et Saint Paul Tronc.

Ce panneau proviendrait peut-être de l'église Saint-Martin, détruite durant la Révolution. Sauf erreurs ou divagations. Il faut rire "de tout", de peur de mourir en ayant trop pleuré. Certes, pas avec n'importe qui.

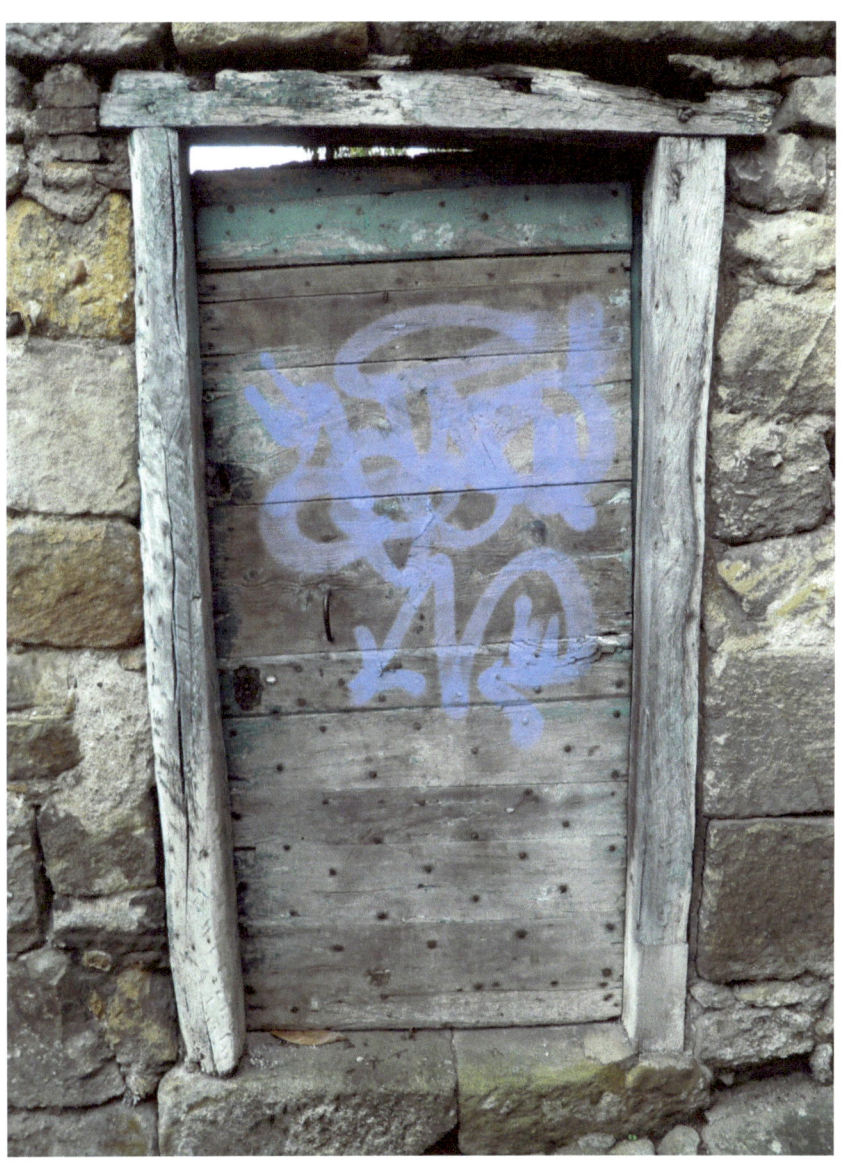

Dès qu'une porte est fermée
C'est le grand attroupement
Faut essayer de la défoncer
En tout cas faut être là
Pour bondir dès qu'elle s'entrouvrira...

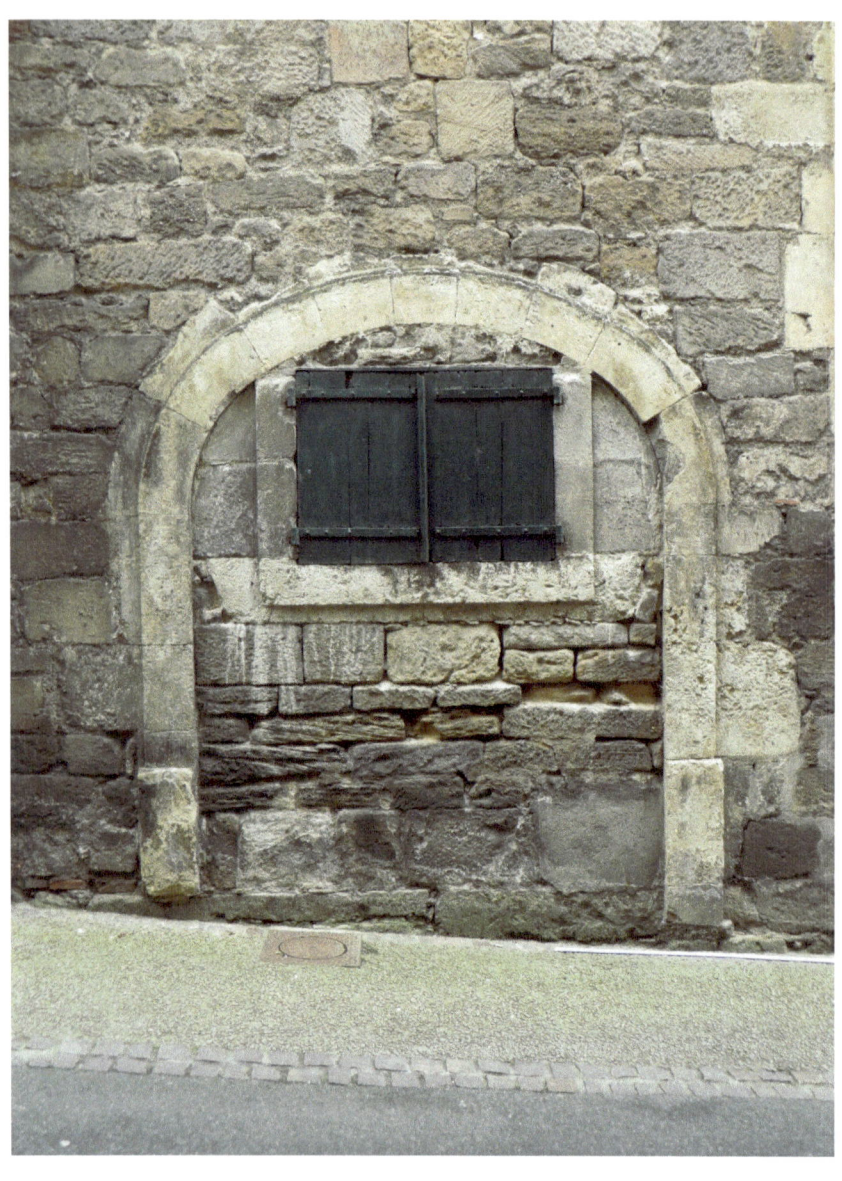

Que d'histoires dans ce mur... Lire l'histoire d'une ville sur ses murs...

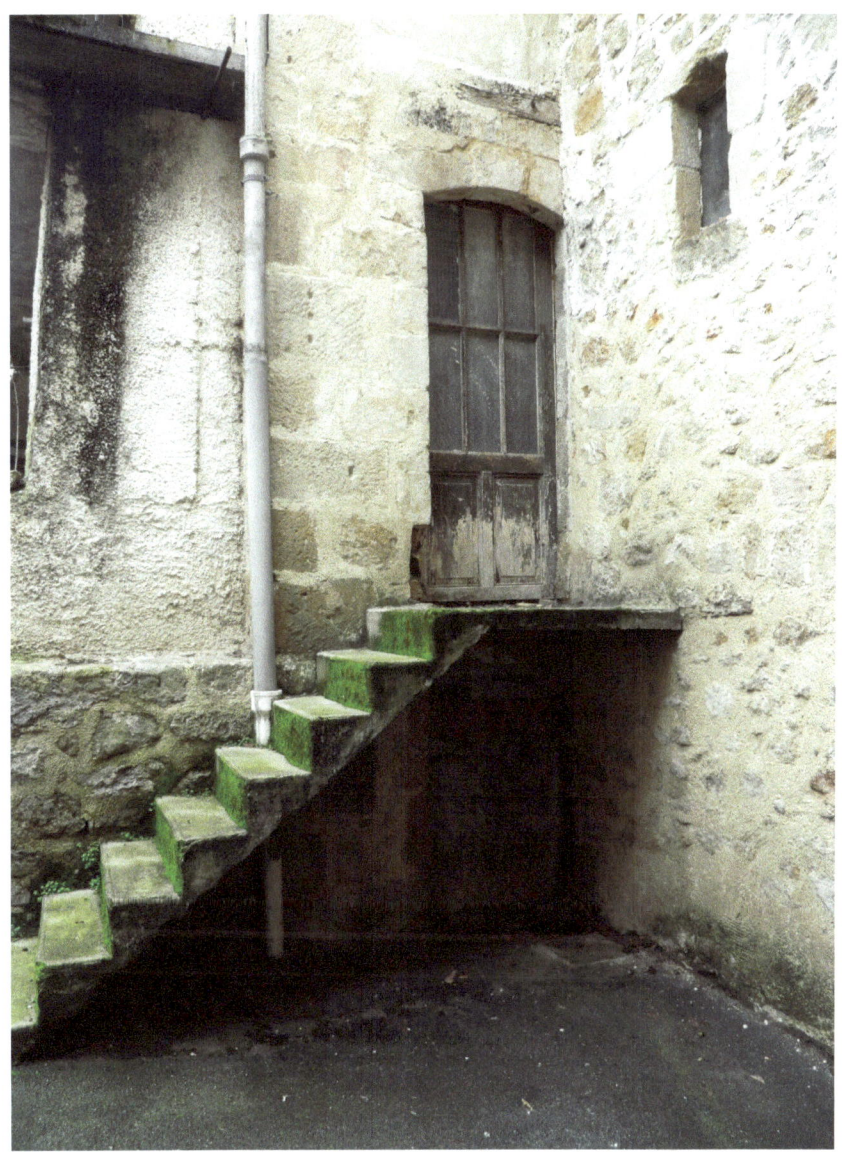

Tomber de haut, tomber d'un escalier, tomber d'un escabeau...

Le 16 avril 1998 Martin Malvy fut élu président du conseil régional de Midi-Pyrénées. (il fut réélu le 2 avril 2004 puis le 26 mars 2010).

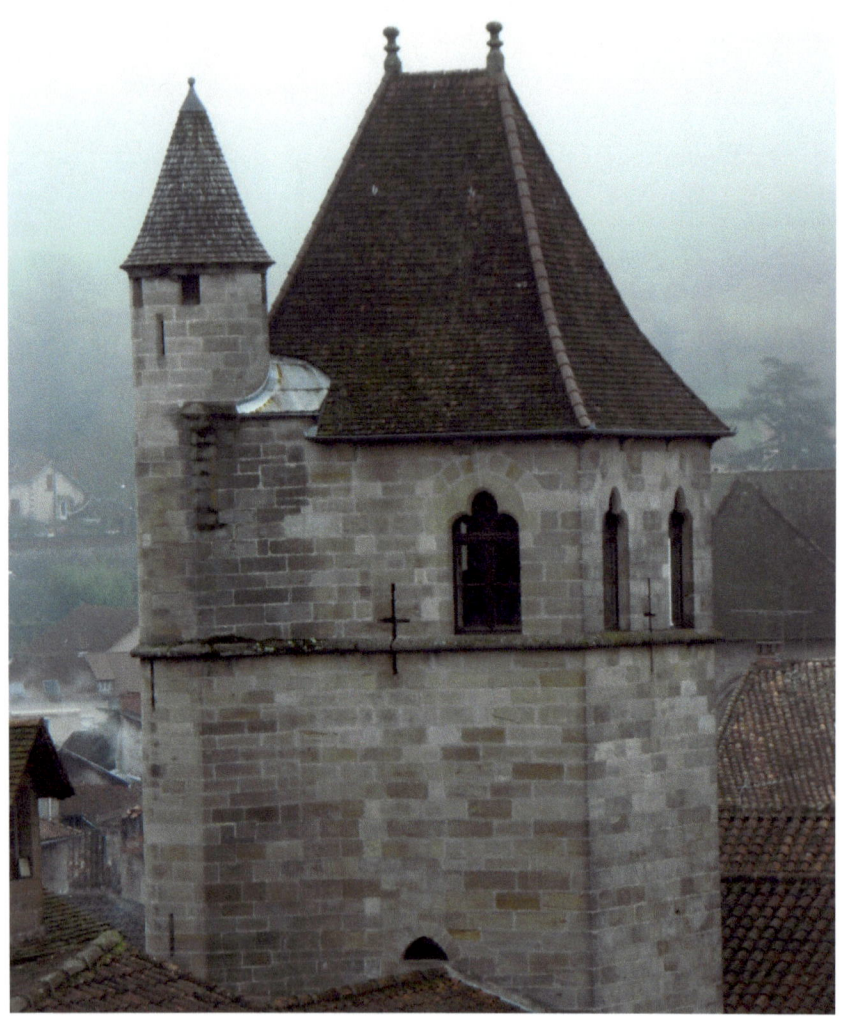

L'association "lire à Figeac" selon ville-figeac.fr : « *L'association a pour objet la promotion de la lecture l'utilisation dans le figeacois.* » C'est écrit ainsi. Avant de poursuivre par : « *Créée en 1989 pour la manifestation « Fête du Livre » dont la dernière édition a eu lieu en 2006, elle a depuis choisi d'autres modes d'action...* »

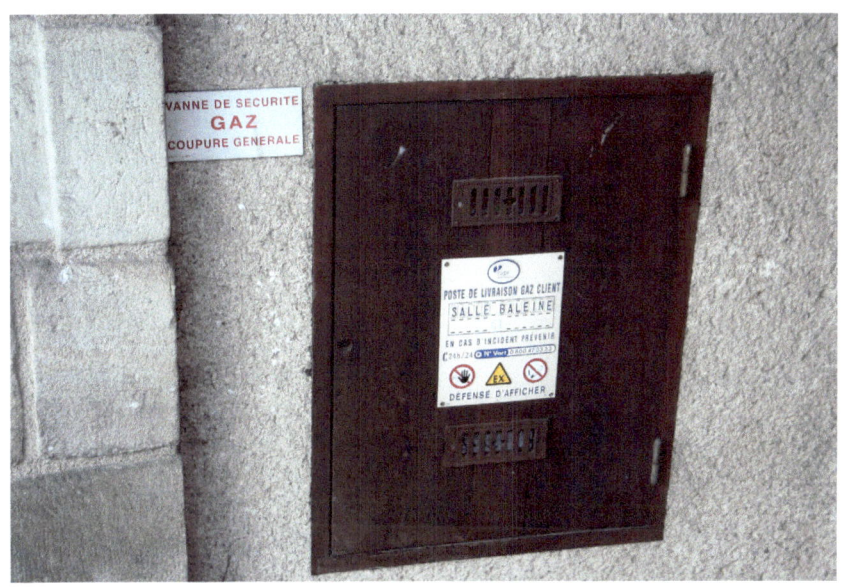

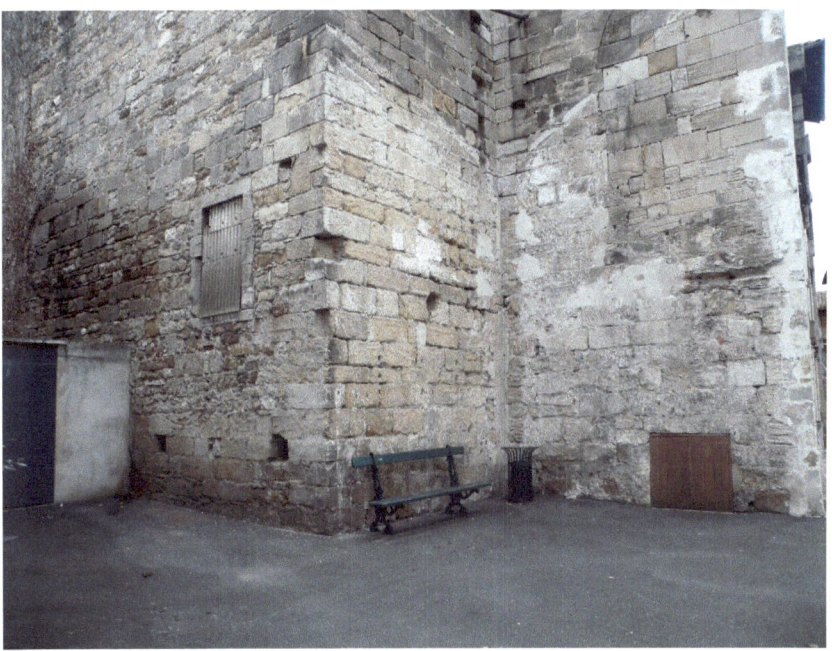

Magnifique, la fenêtre 2013 de la salle *Balène* ou *Baleine*.

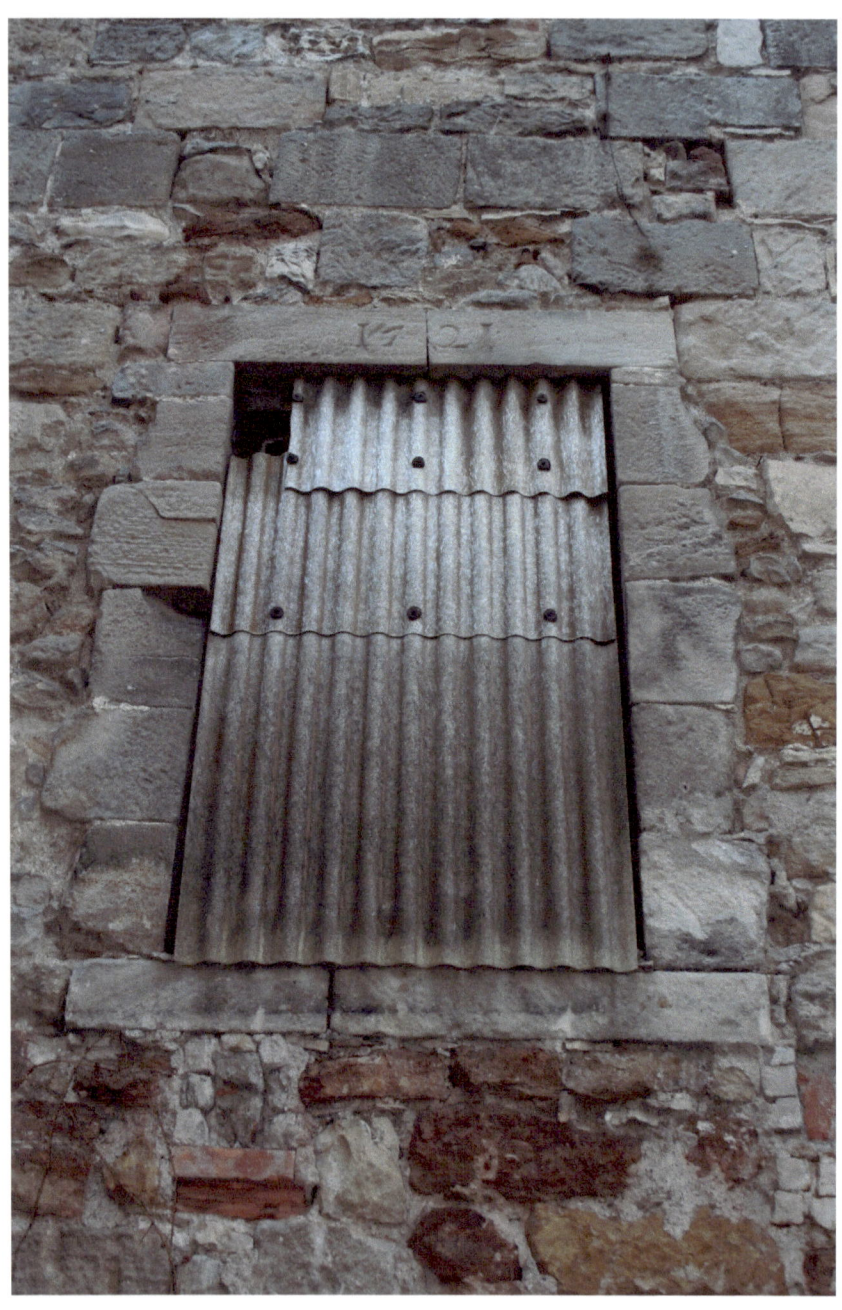

Gros plan de décembre 2015.

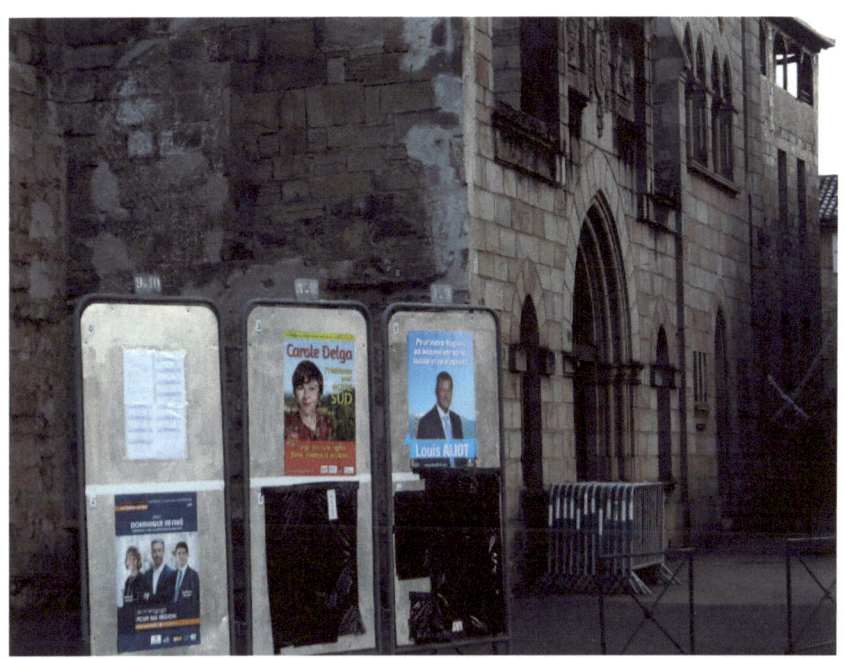
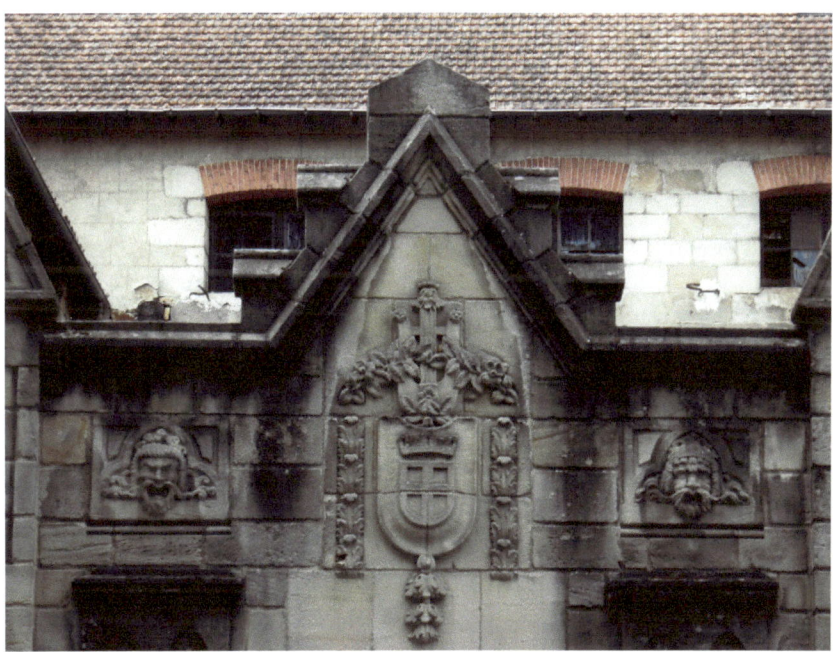

Ce qu'il faut photographier.

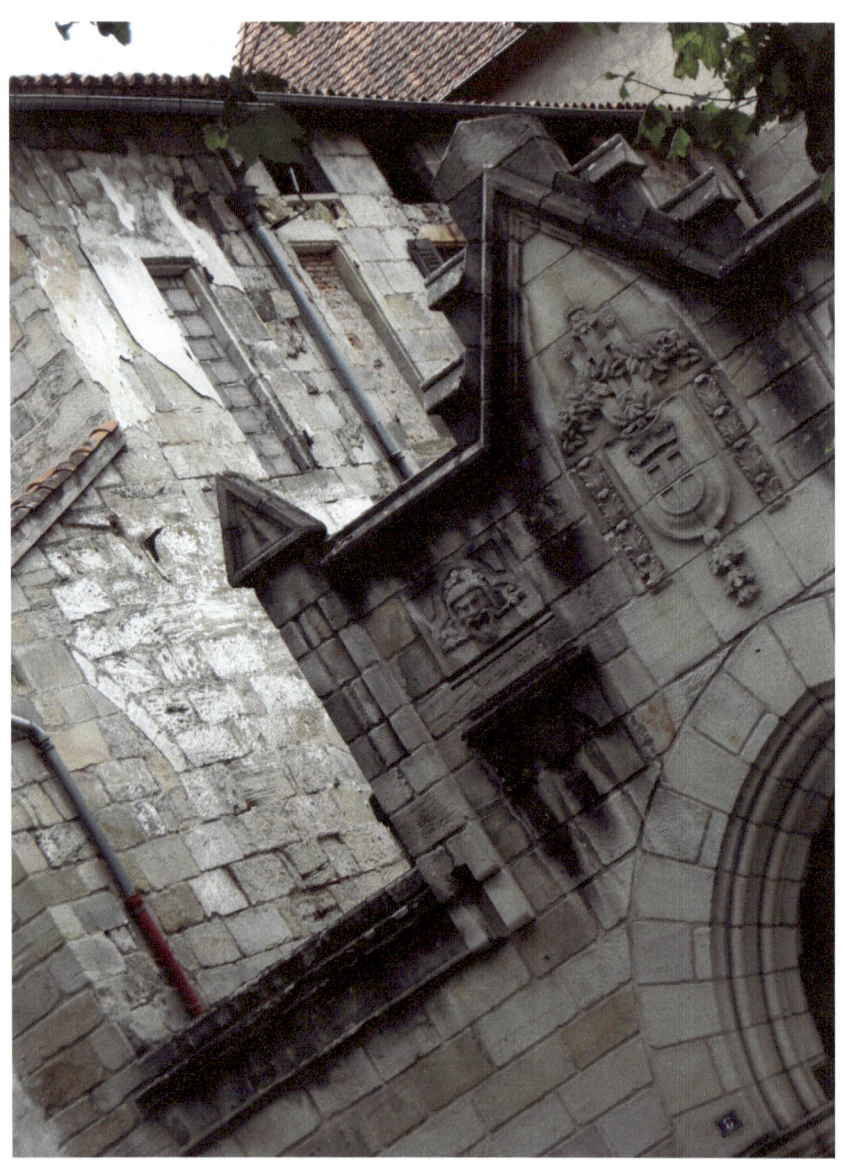

Angle déconseillé.

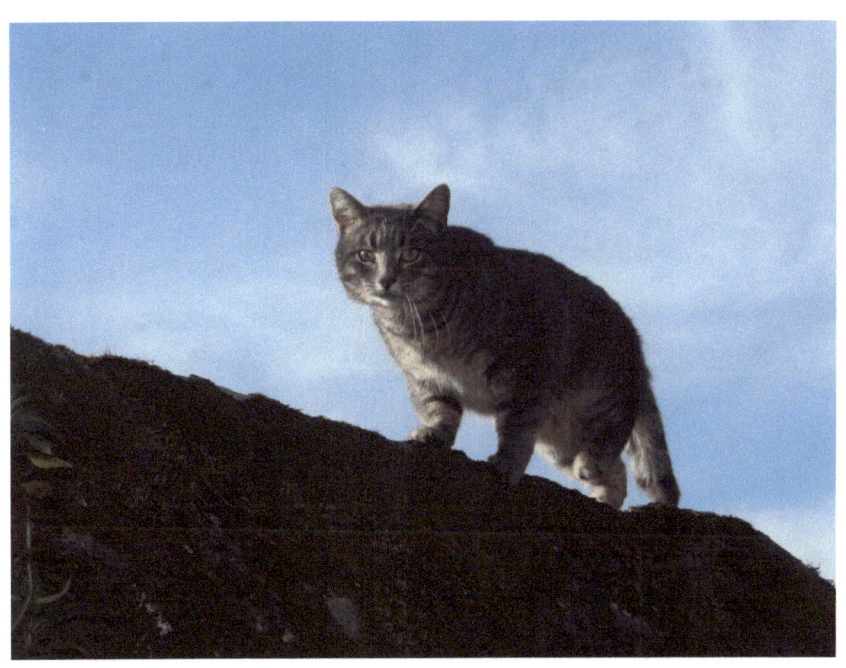

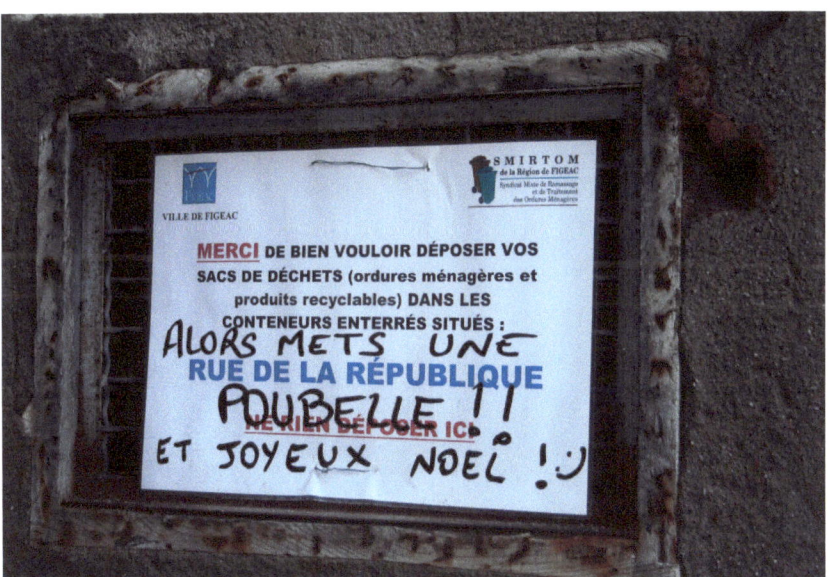

Les figeacois ont le sens de la rime.

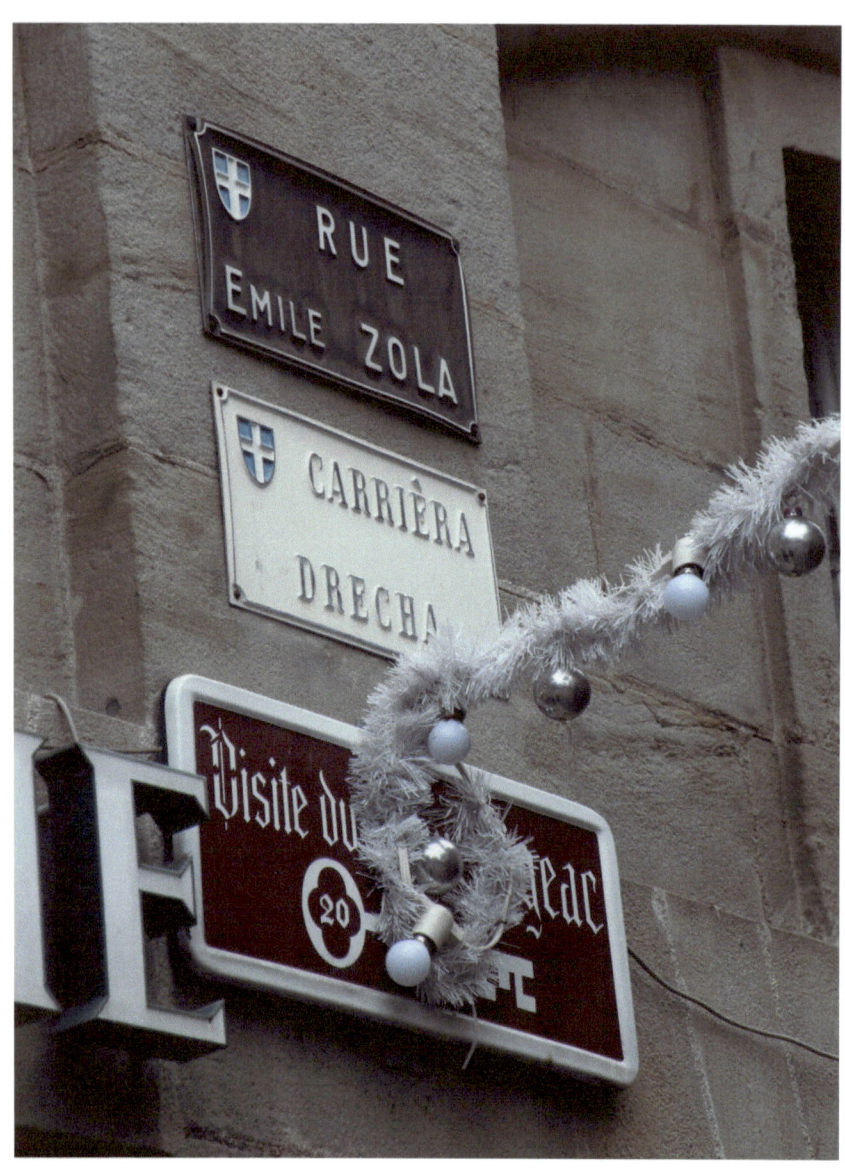

Rue Émile Zola, l'idée d'accuser de nouveau s'intensifiait...

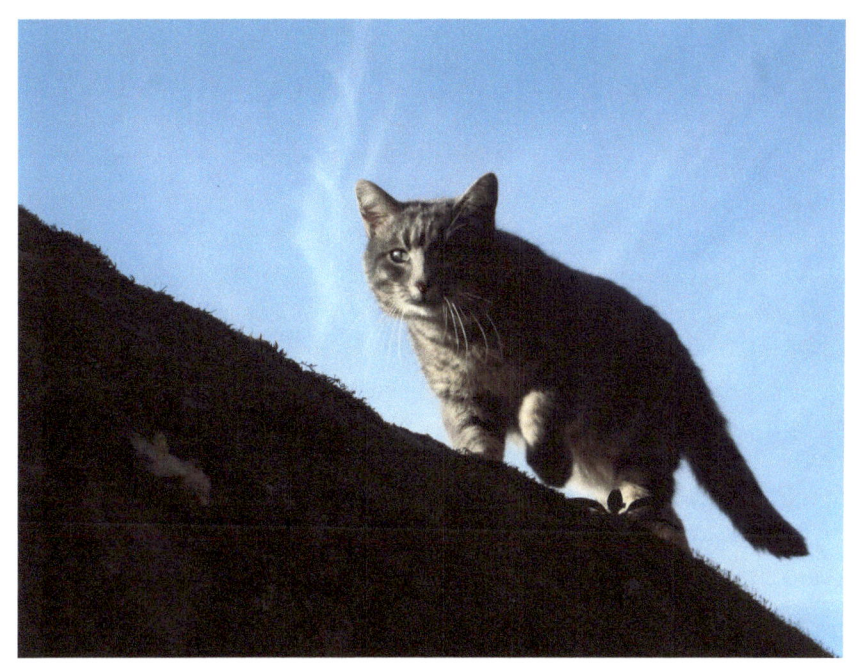

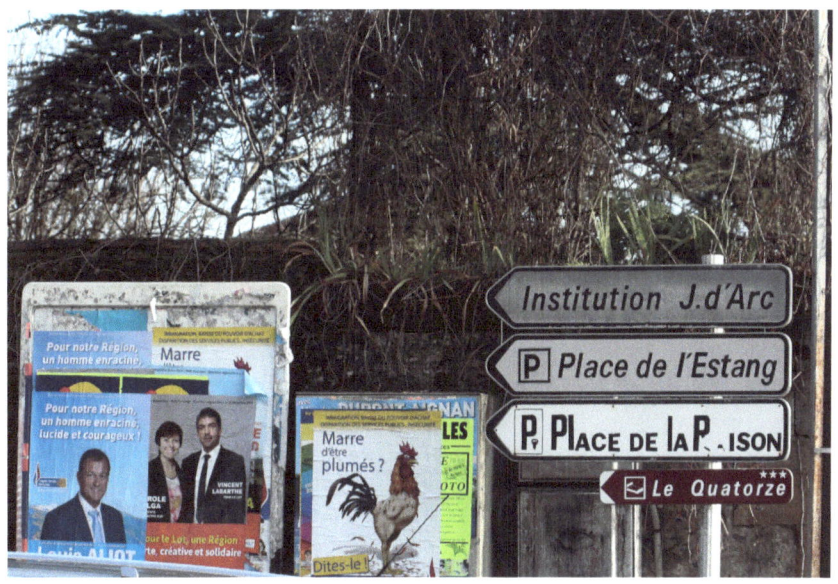

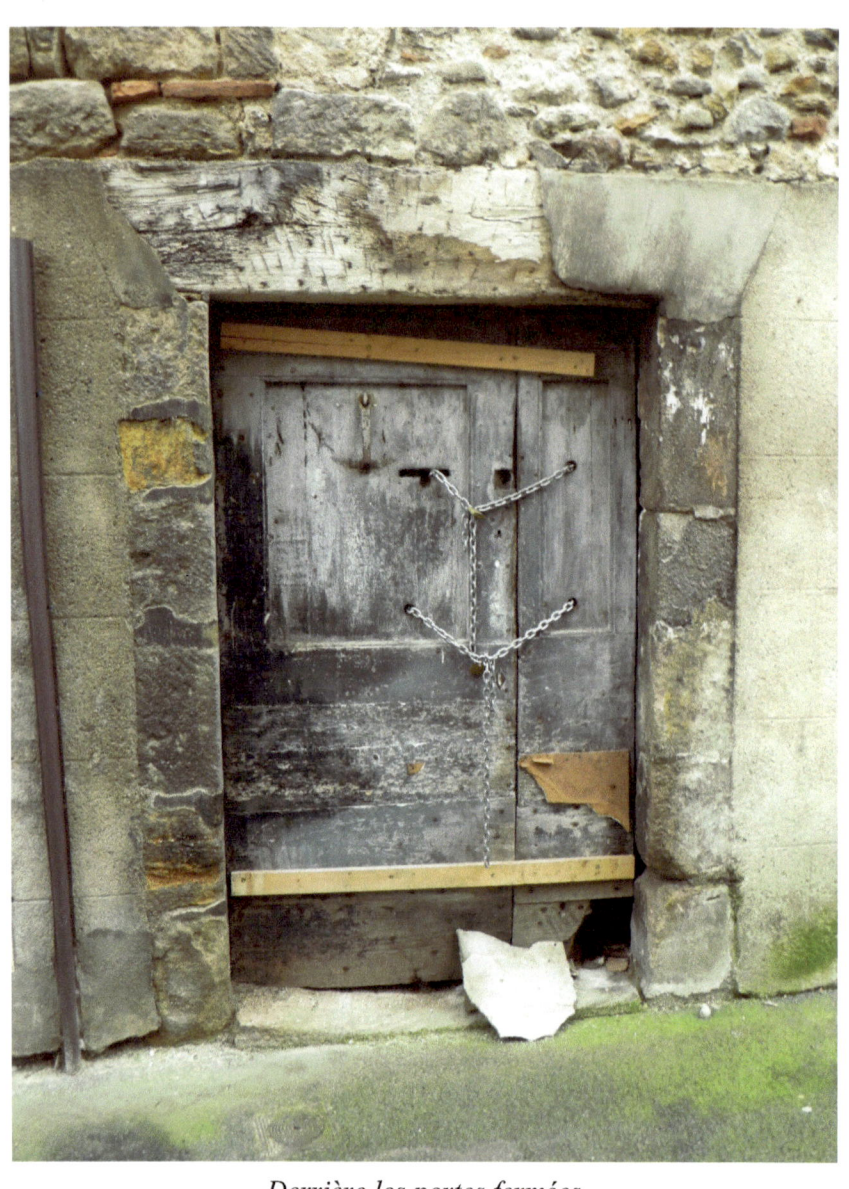

Derrière les portes fermées
J'ai compris depuis bien longtemps
En s'enfermant
Le vide se prétend important
C'est avec cet hameçon
Qu'on ride bien des vocations

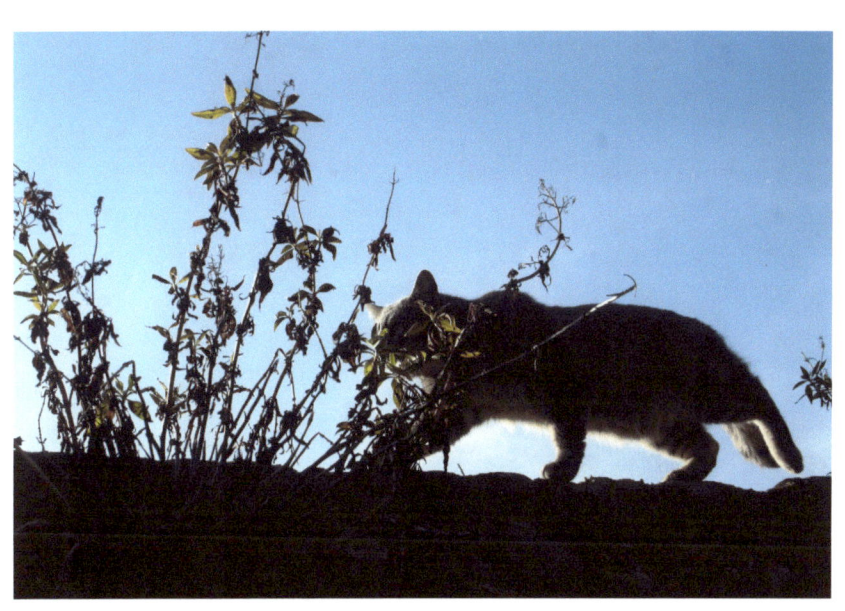

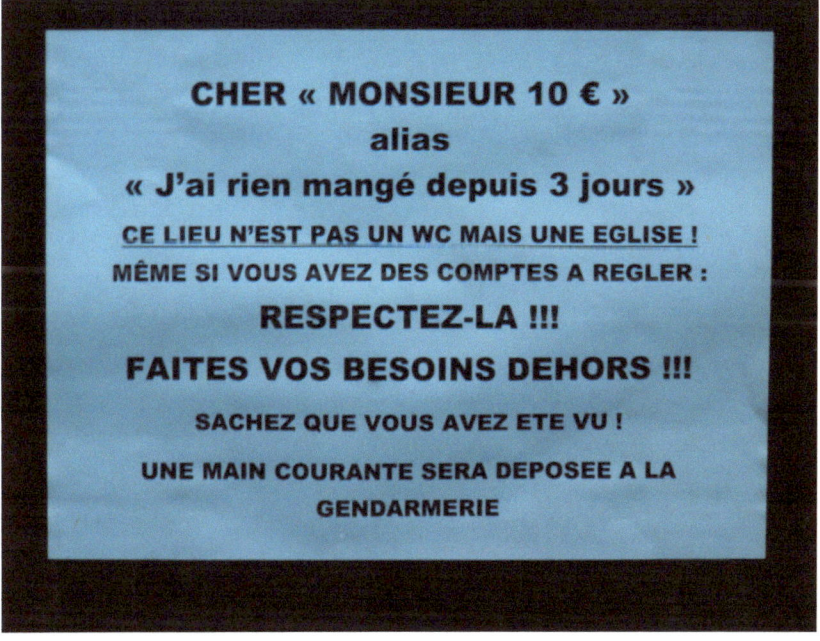

Juin 2014. J'ignore la suite.

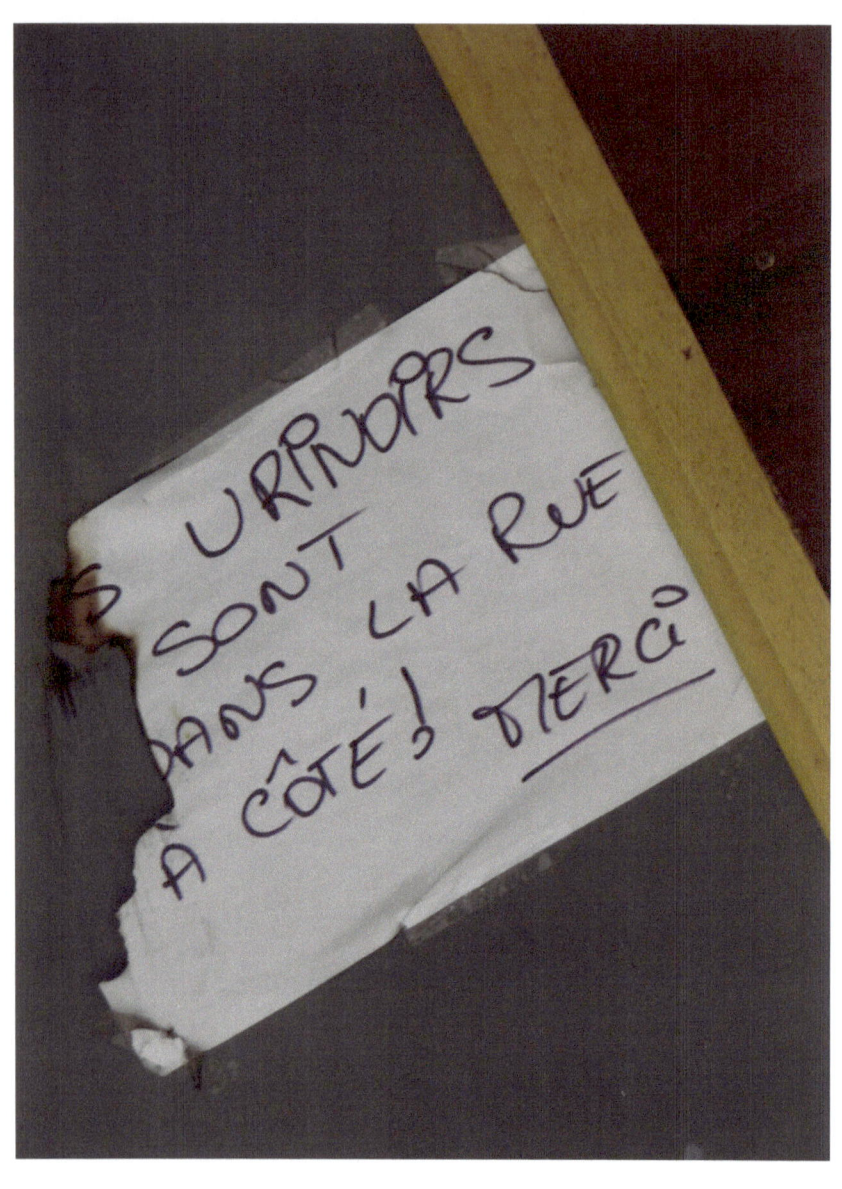

Il faut parfois l'écrire.

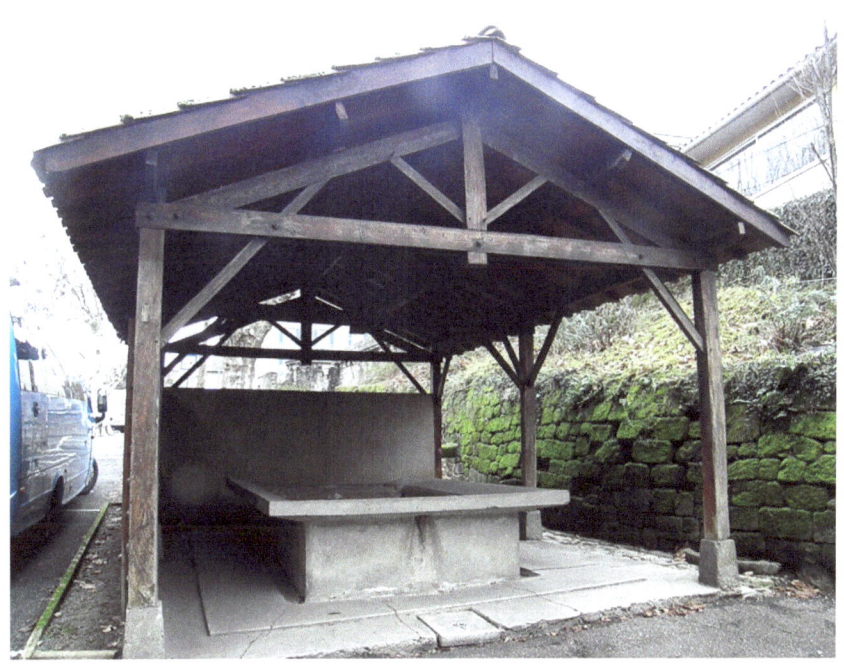

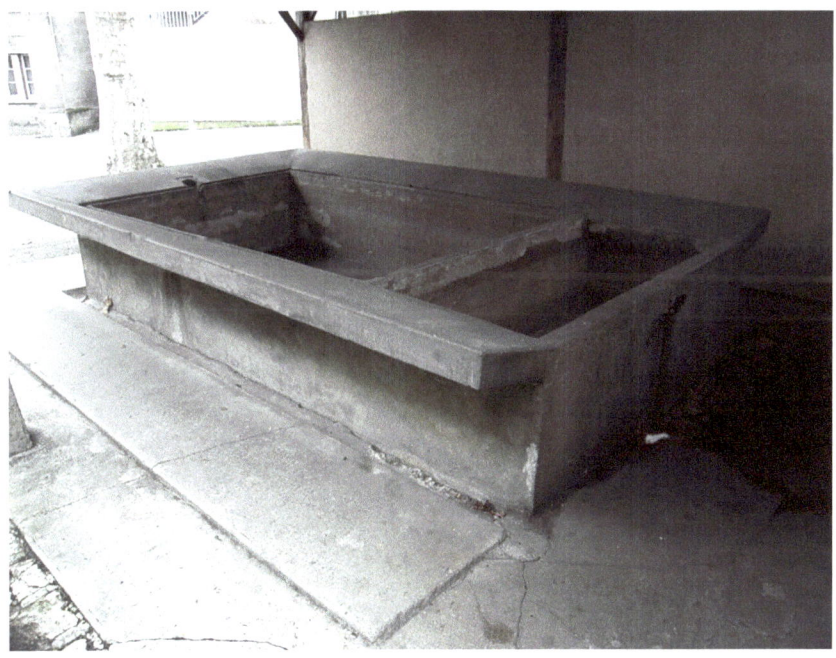

Il ne s'agit pas du plus beau lavoir lotois

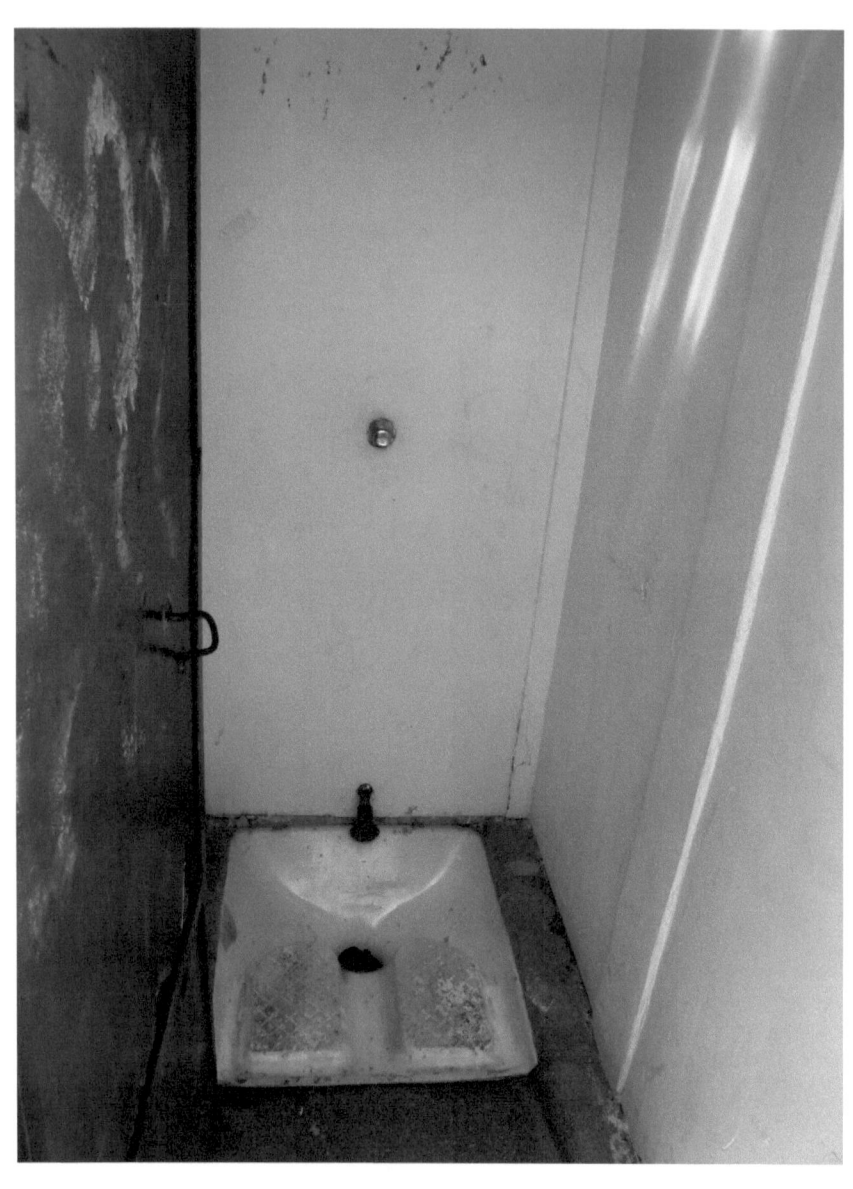

Est-ce la rue d'à côté ?

Ah si les toilettes causaient !...

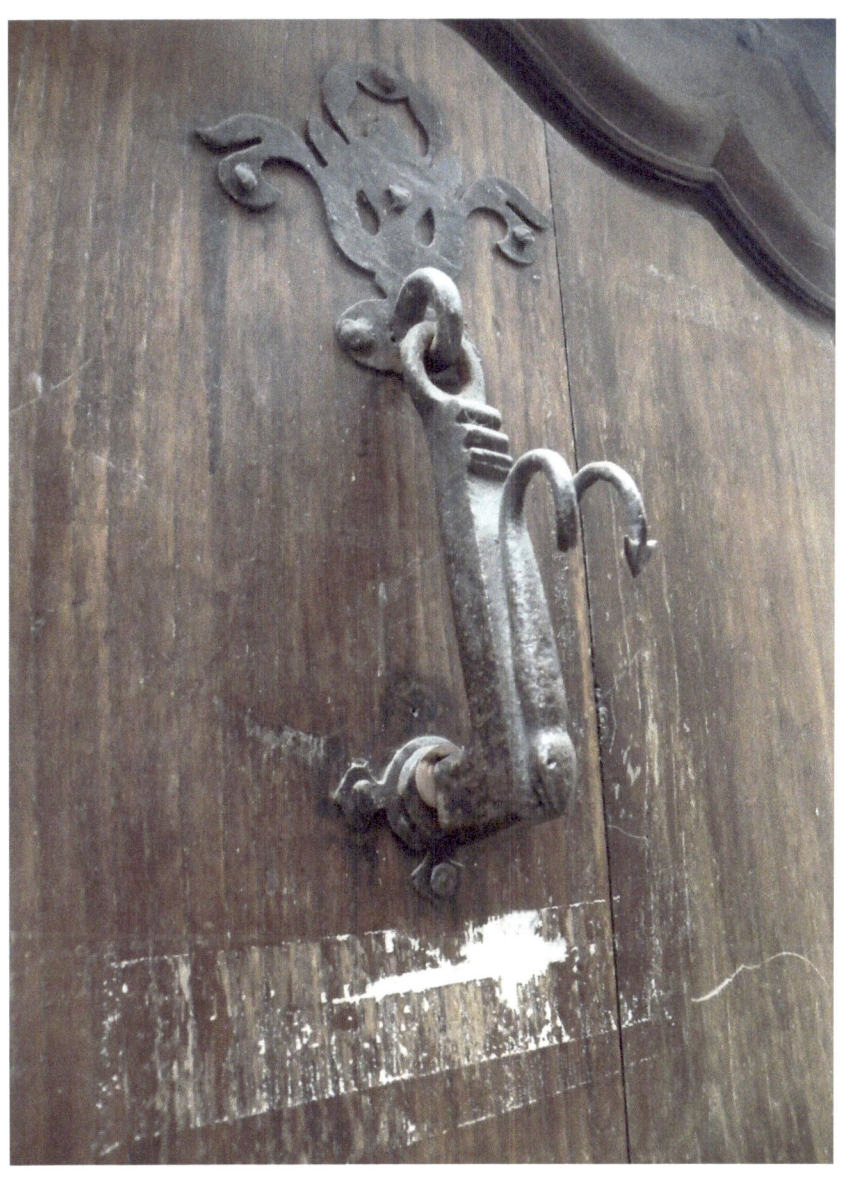

Toujours une pensée pour les crocs de boucher, suivie de celle de Nicolas Sarkozy souhaitant, selon des sources, y accrocher un modeste "écrivain", Dominique de Villepin... Je vous parle d'un temps...

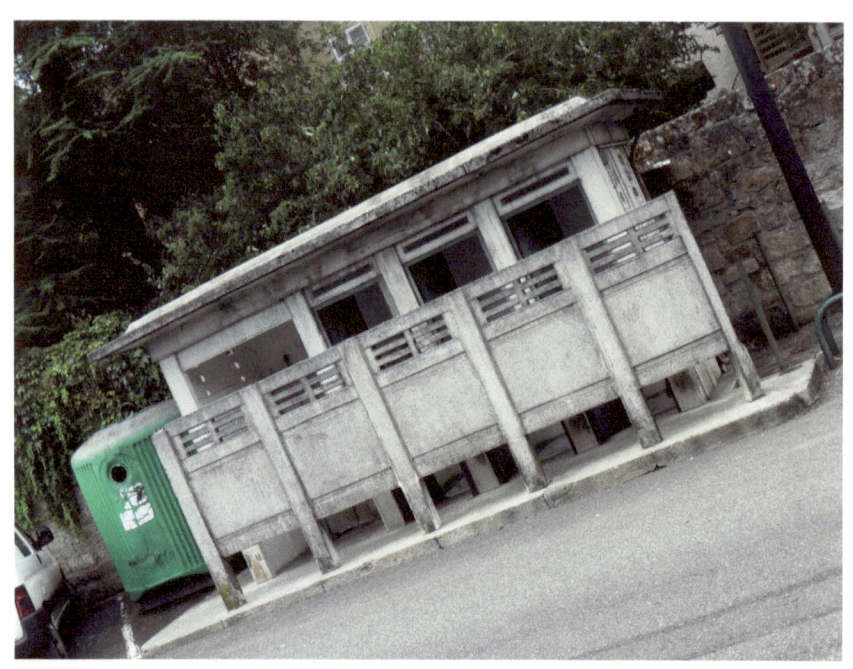

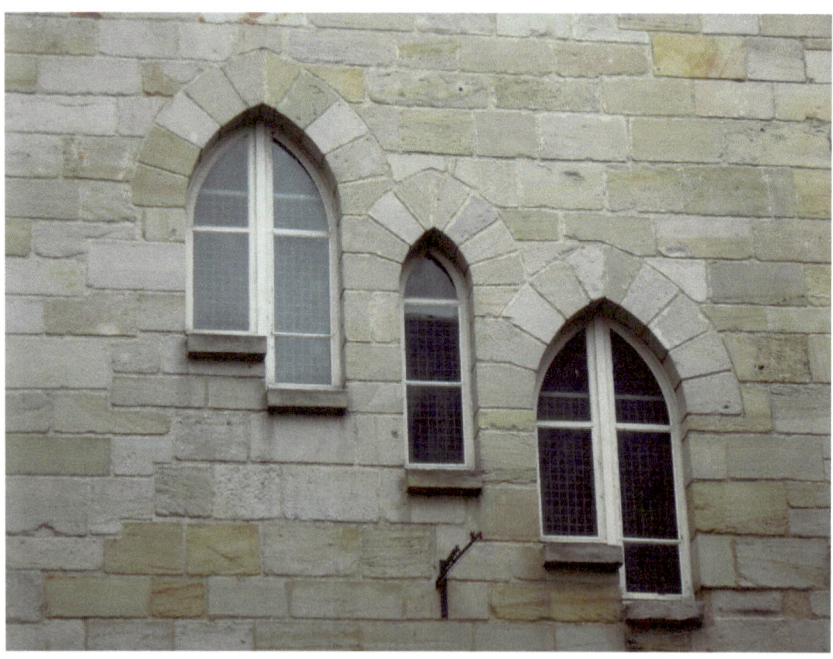

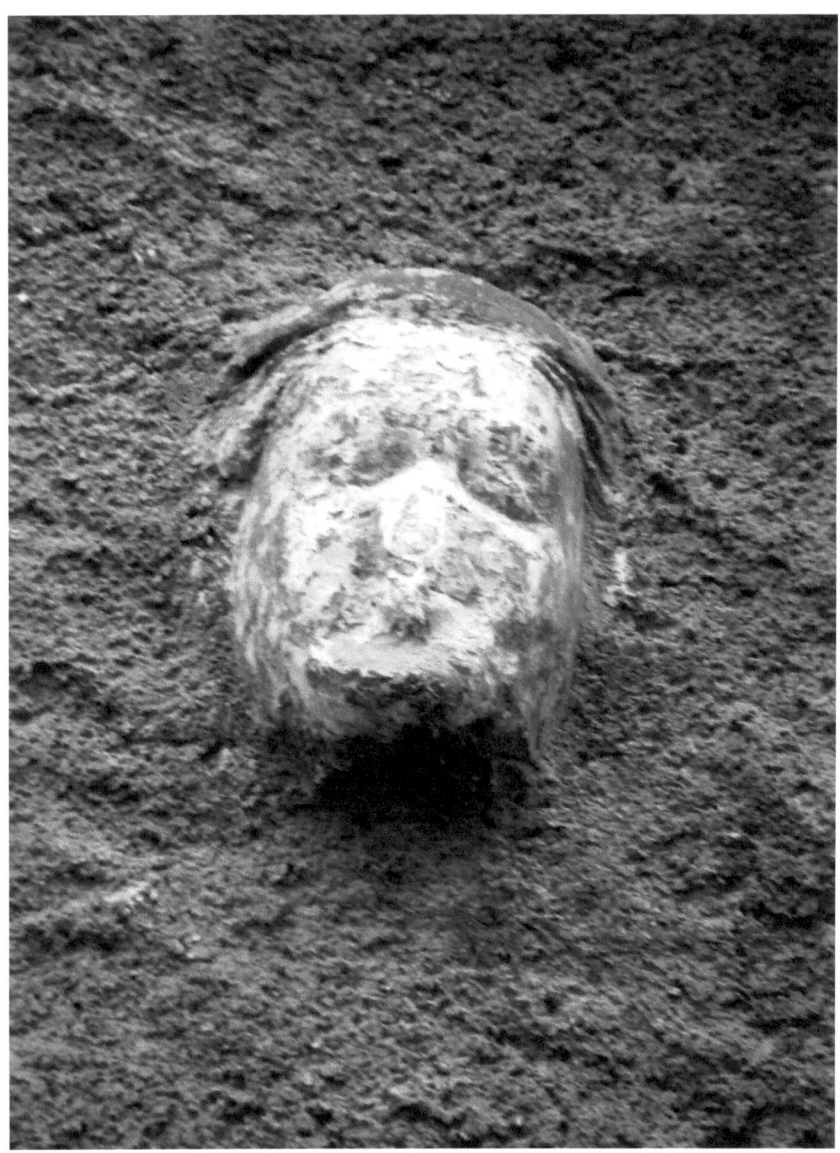

Aventures d'écrivains régionaux : Paul : écrivain (six livres publiés... le point commun de ses éditeurs : en faillite avant de lui avoir versé le moindre droit d'auteur) rmiste, animateur d'ateliers d'écriture, 50 ans, accueille chez lui, pour la soirée et la nuit, des « collègues auteurs » invités au salon du livre de sa ville (Figeac) mais « ni hébergés ni nourris » par les organisateurs.

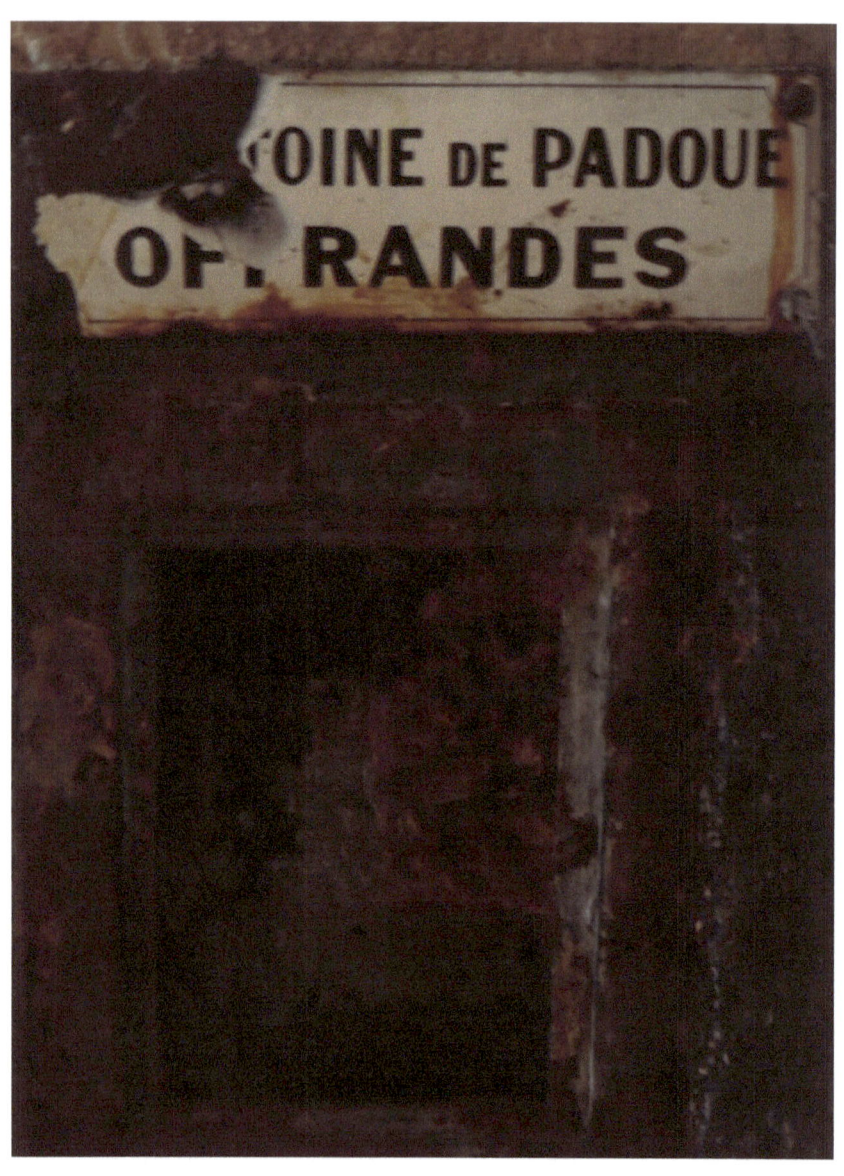

J'avoue une tendresse particulière pour l'autre St Antoine, l'égyptien.

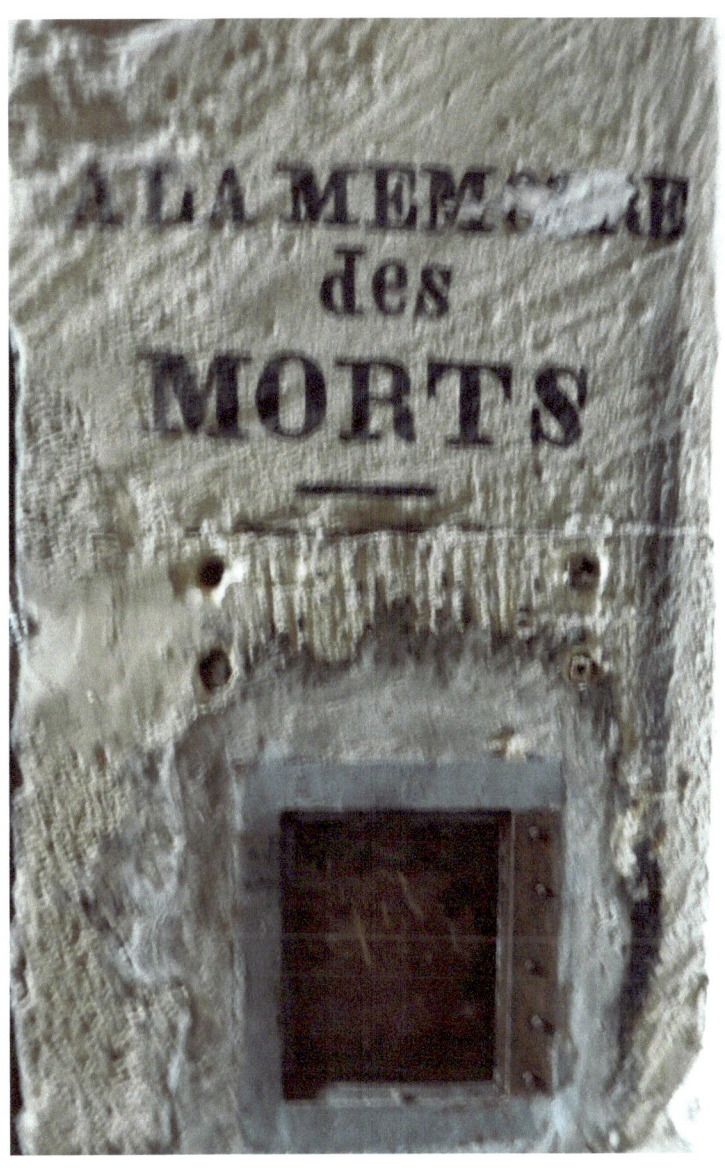

Ah la mémoire des morts !... On assassine parfois les morts en les virant de "leur dernière demeure." Pas à Figeac ?...

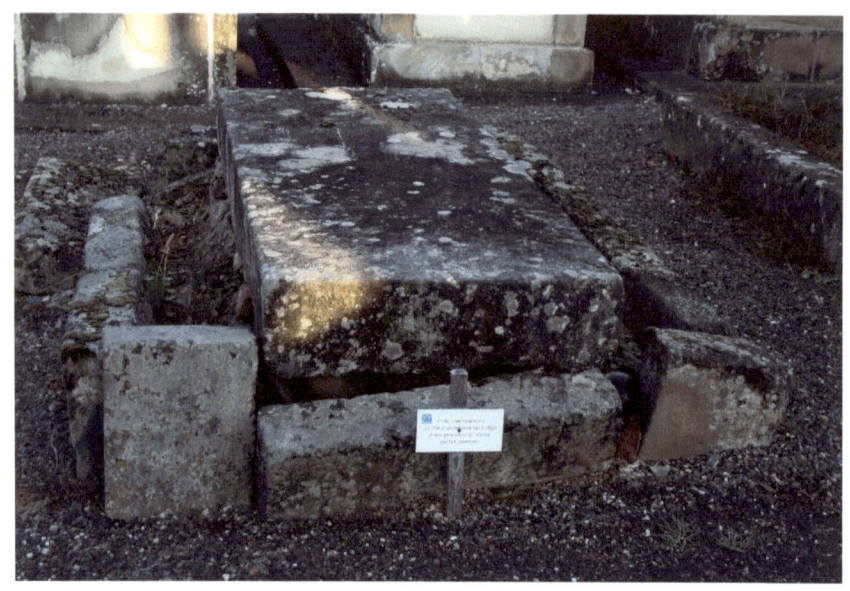

Les vieux morts doivent laisser la place aux jeunes... à Figeac également...

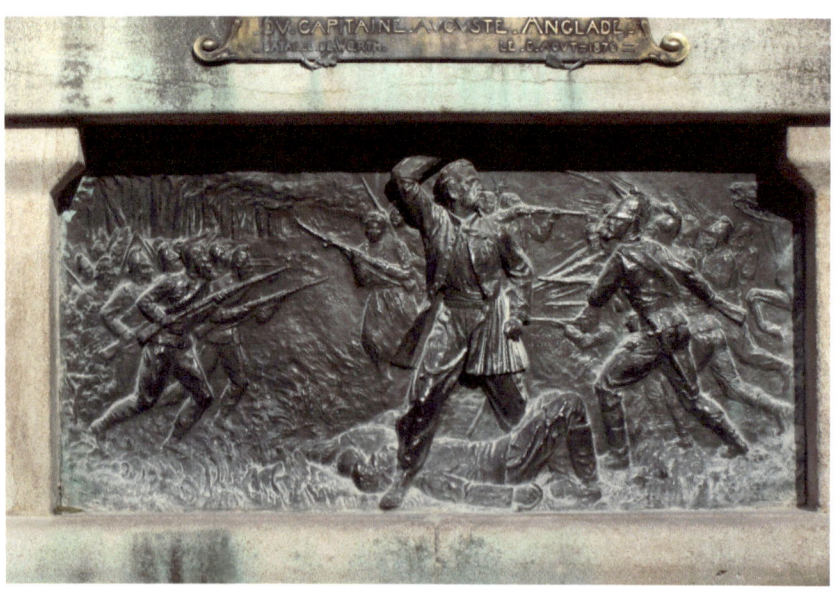

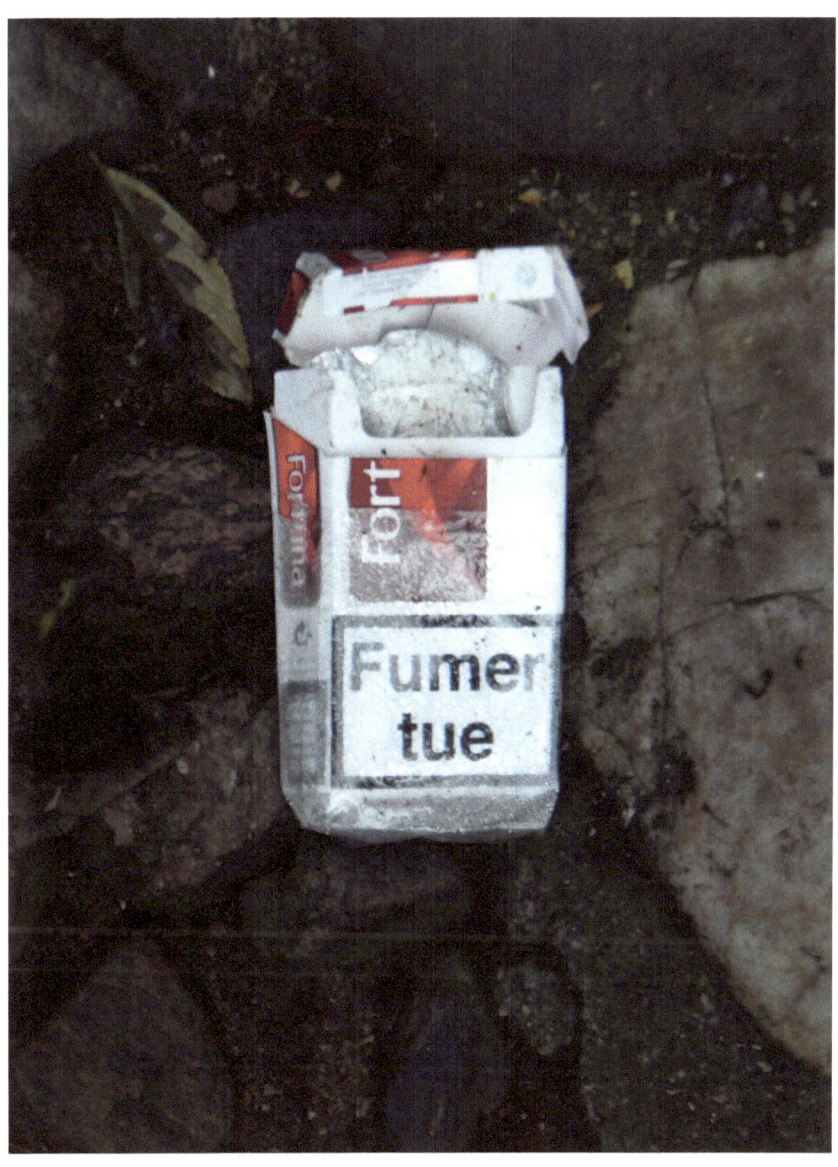

Fumer. Je n'aime pas la fumée, aurais refusé ces conditions de travail :
« *Nous avons fixé un rendez-vous en fin d'après-midi un dimanche. Après le premier, je ne pouvais pas arrêter. Nous nous sommes donc vus 7 à 8 dimanches. J'ai répondu à leur question en fumant des cigarettes et en buvant du whisky. On a passé des bons moments* ».
Martin Malvy expliquant l'écriture de son livre "*Des racines...*"

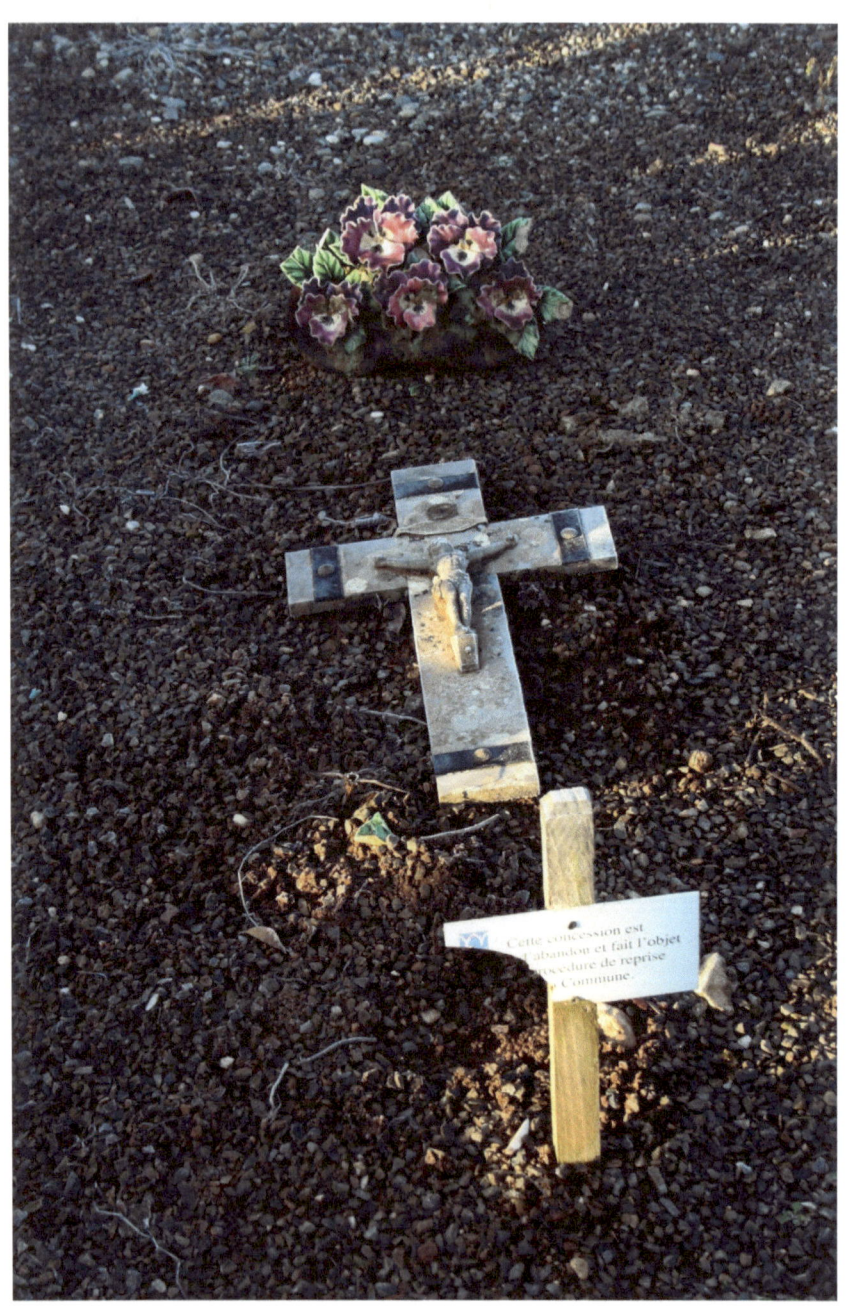

Avec le temps, va, même Figeac disparaîtra...

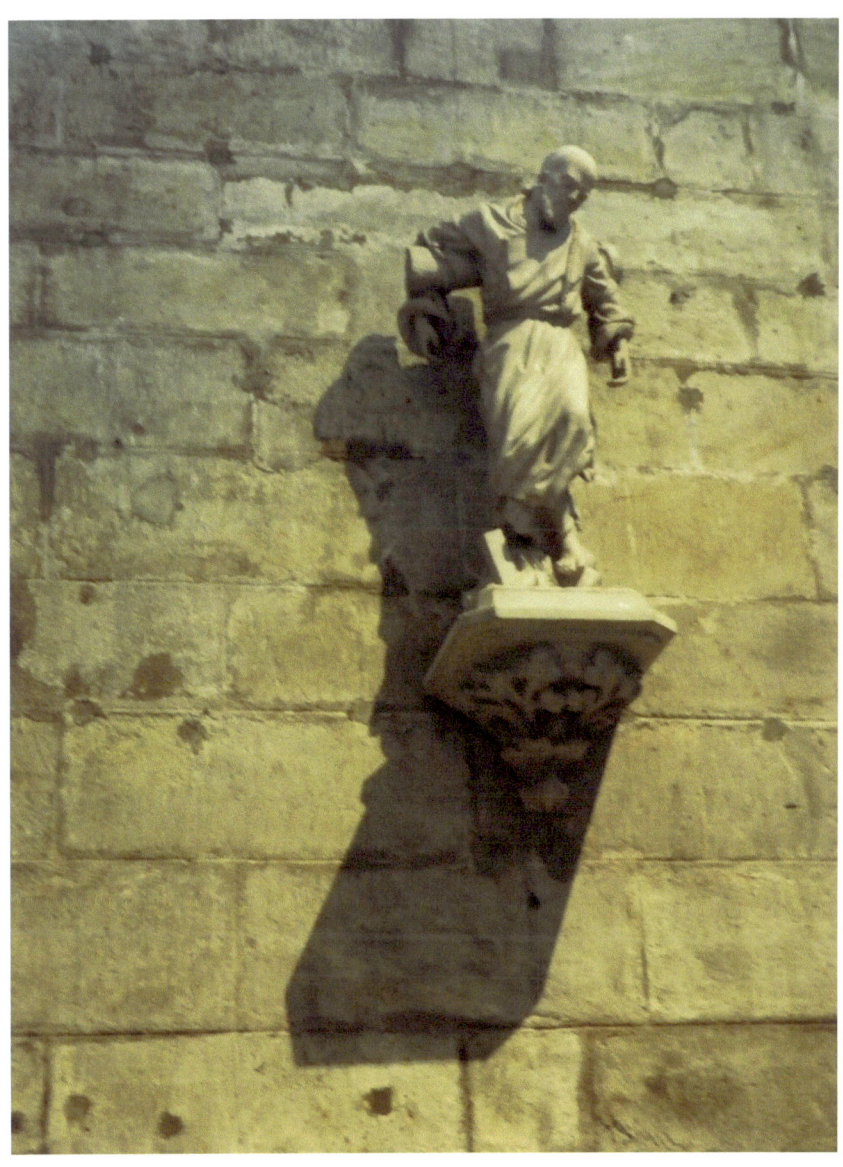

Le Bienheureux Jean-Gabriel Perboyre, lotois crucifié en Chine le 11 septembre 1840, devenu Saint en 1996, canonisé par Jean-Paul II.

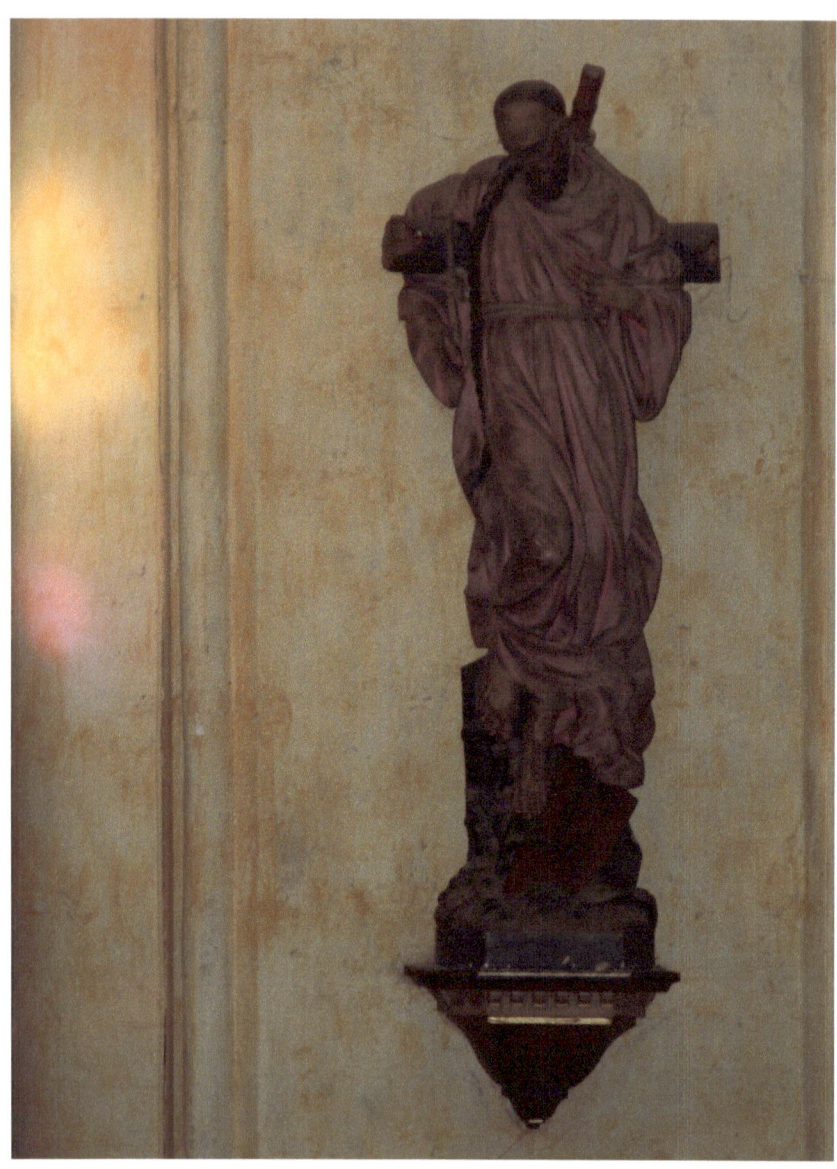

Aventures d'écrivains régionaux... Version originelle : avec Martine, 51 ans, a auto-édité cinq livres, professeur de français ; Christophe, 57 ans, publie des « livres jeunesse » chez divers éditeurs… qui lui versent des droits d'auteur dérisoires. Son épouse ayant un bon salaire, ne peut prétendre au Rmi ; Stéphane Ternoise : 35 ans, a auto-édité sept livres, créateur de sites internet. Mi rmiste mi travailleur indépendant...

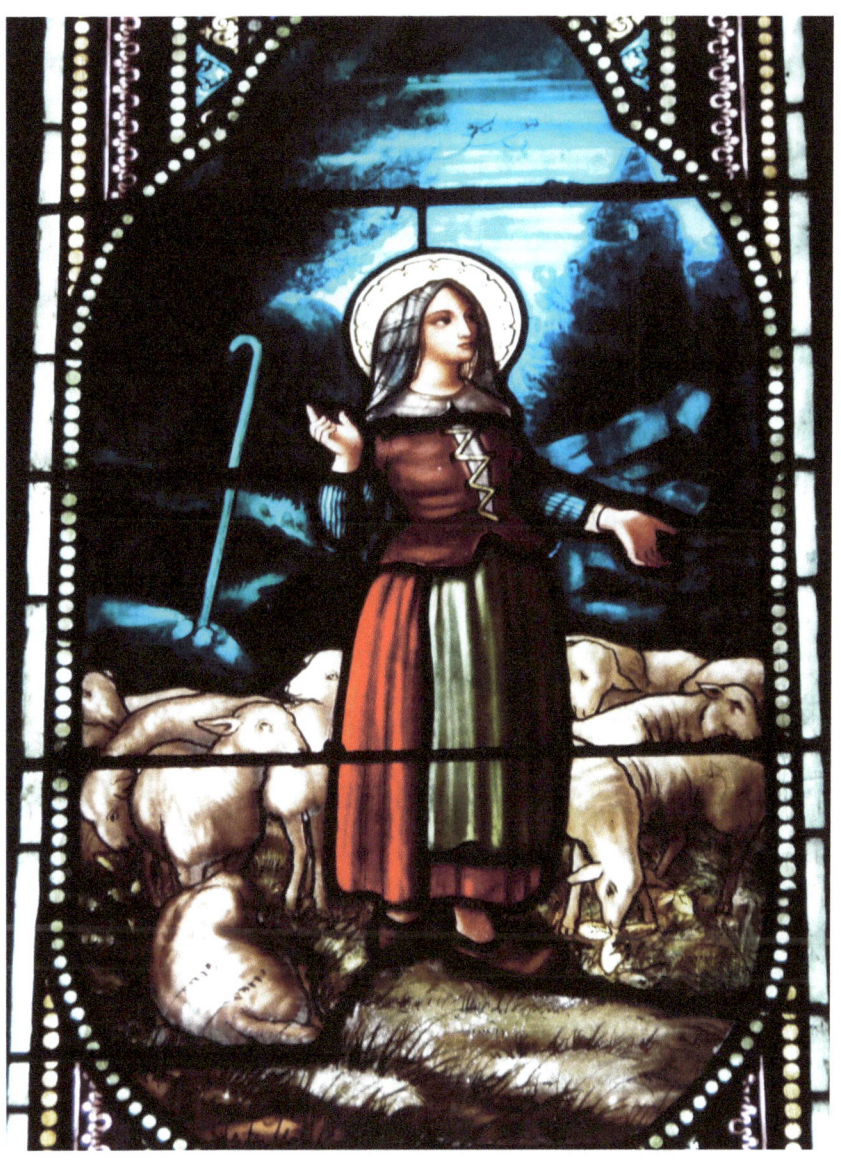

Sainte Germaine de presque Toulouse, représentée par Joseph Villiet.

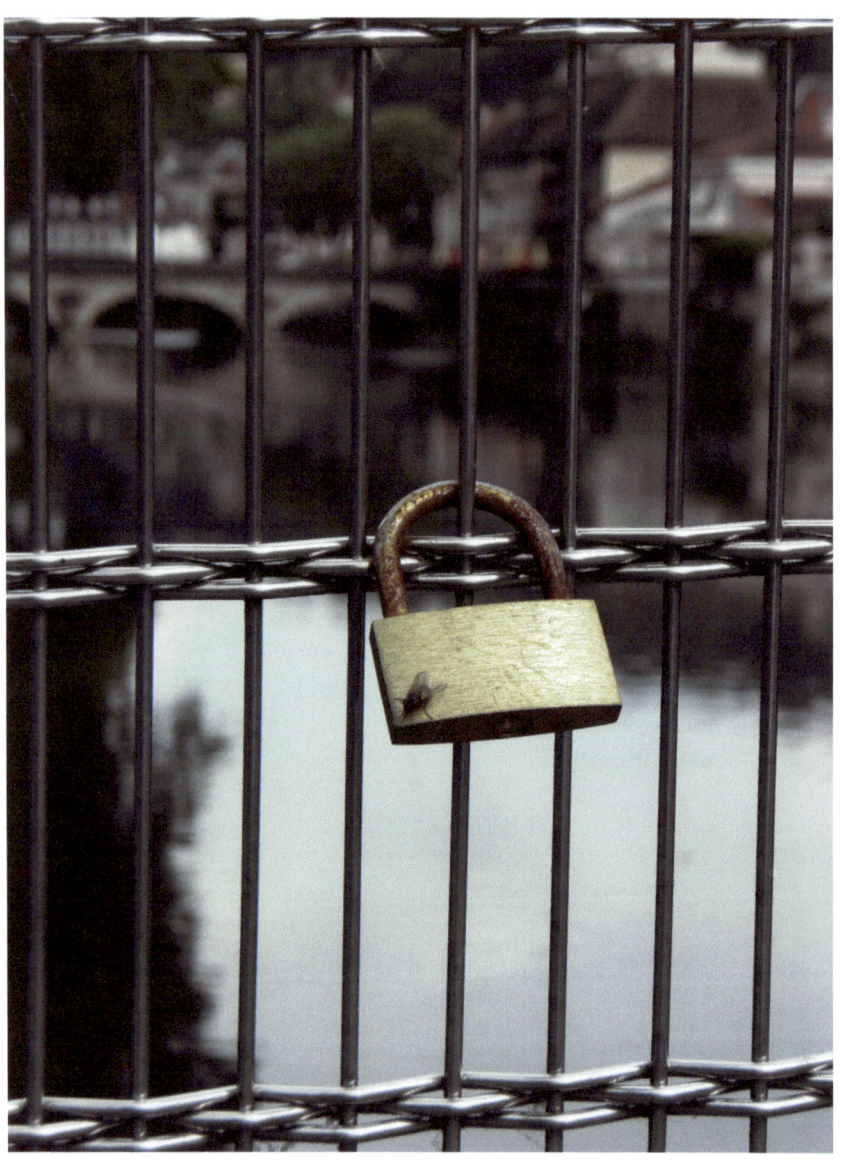

Tout est éphémère, même si dans l'illusion on peut jeter la clé dans le Célé en se croyant sur un pont de Paris.

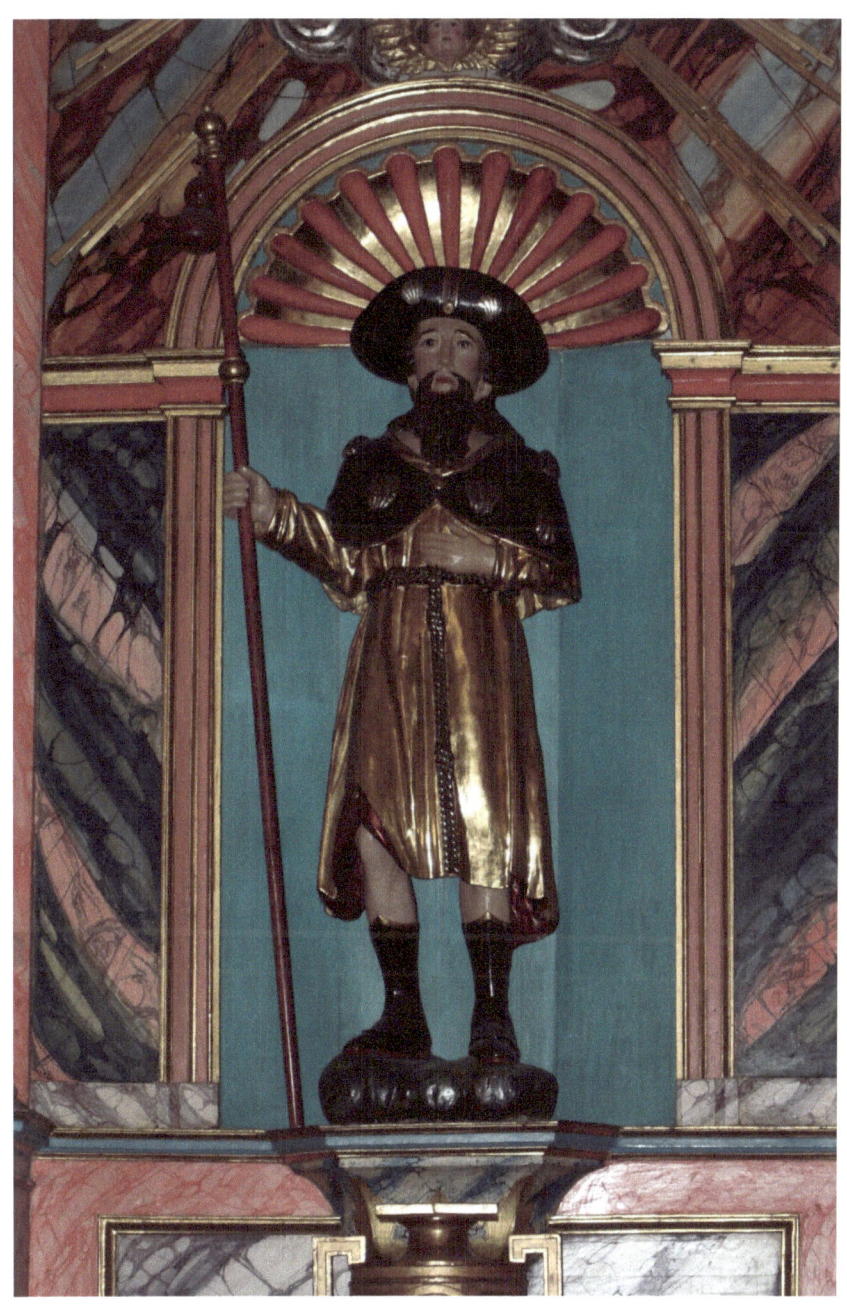

Il me fait penser à quelqu'un lui...

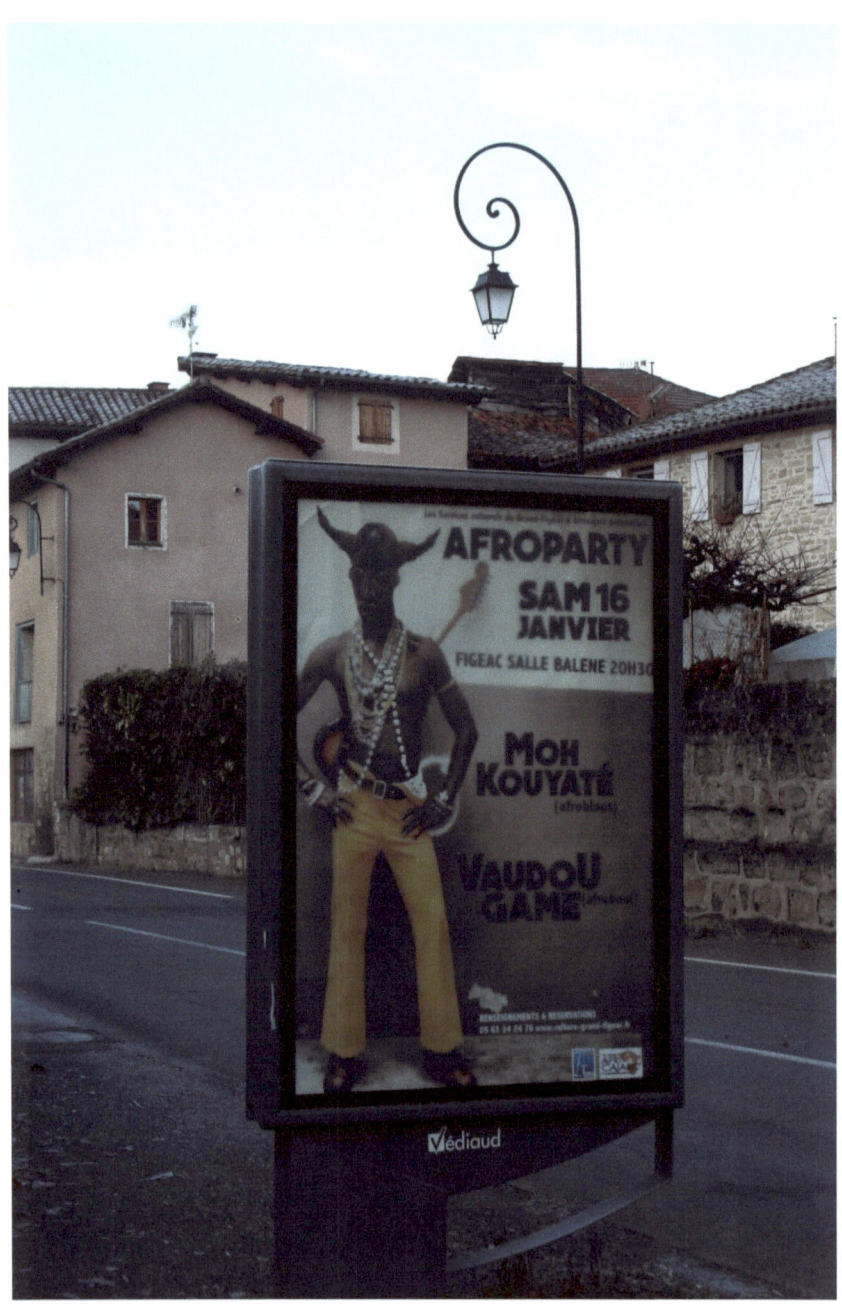

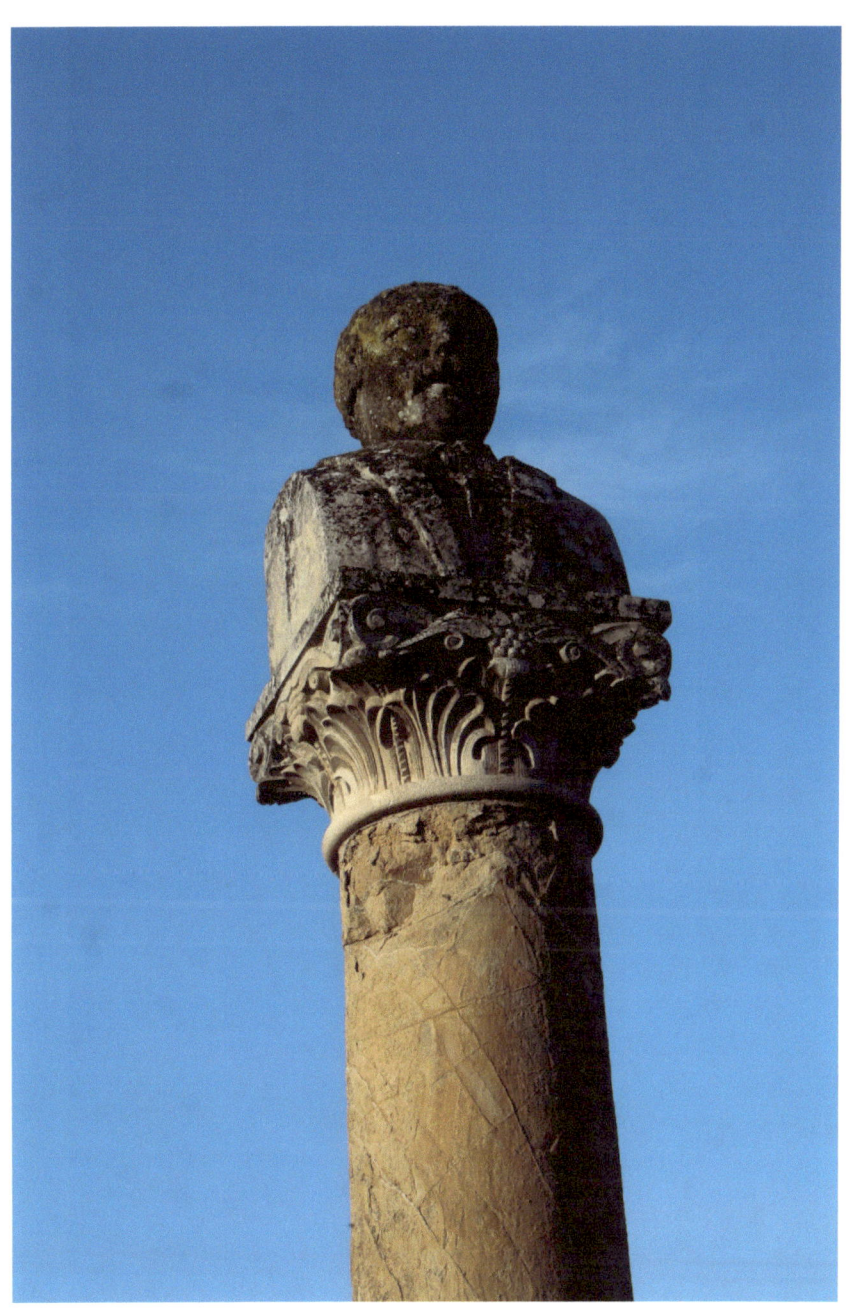

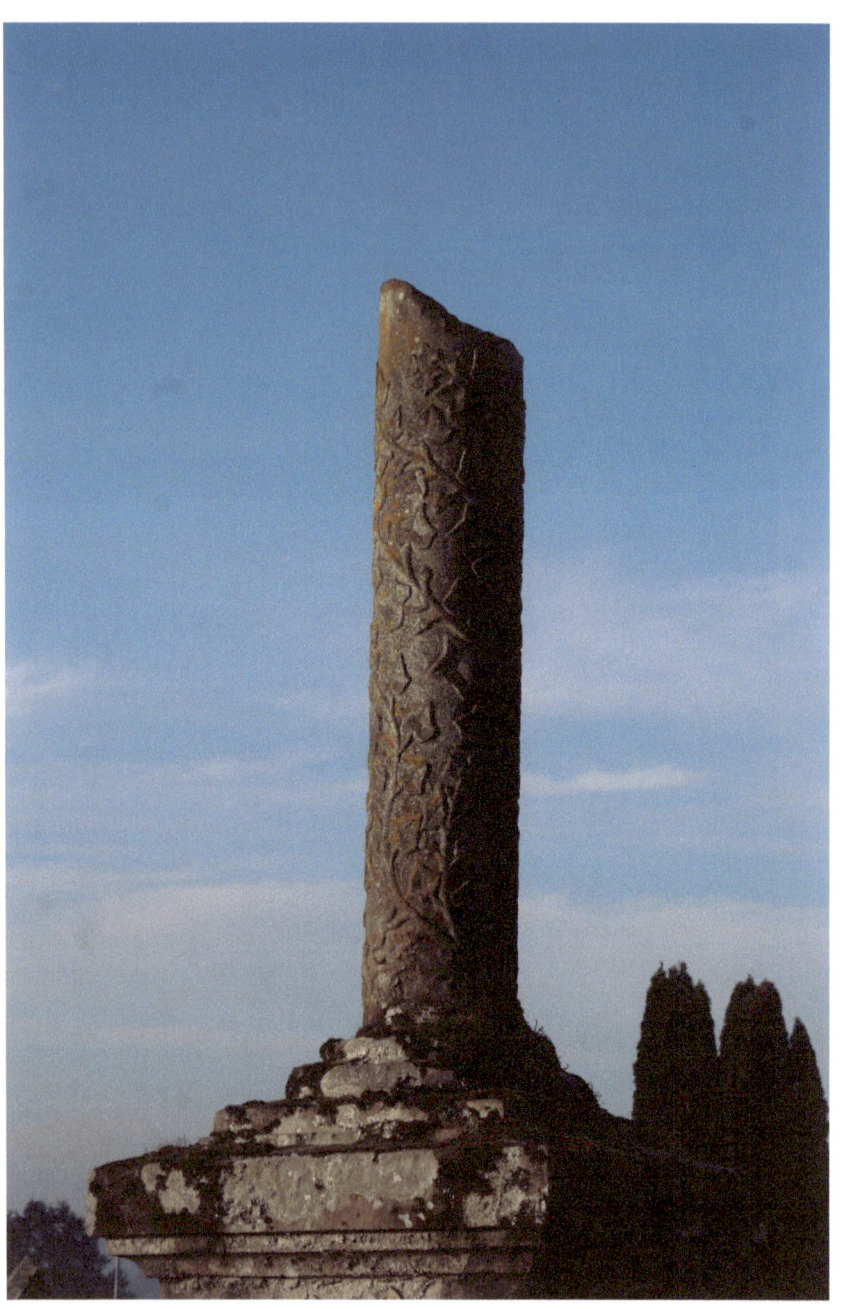

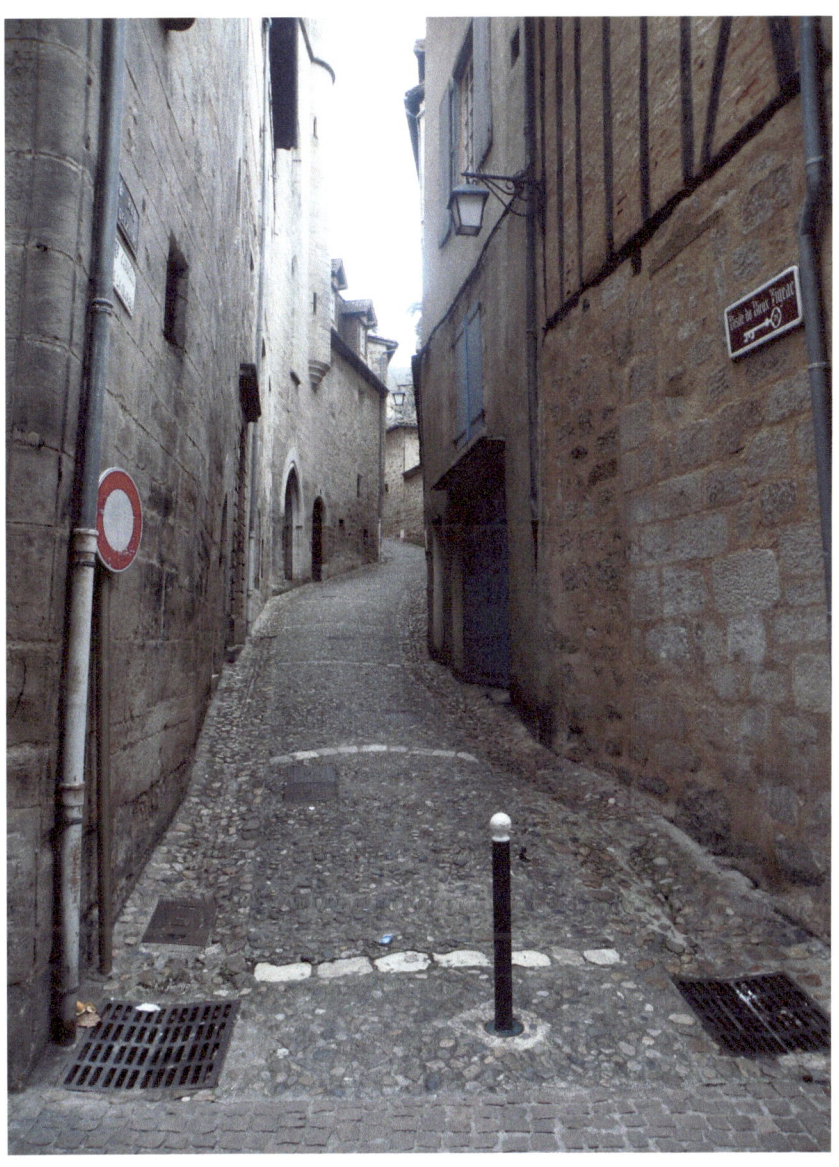

Aventures d'écrivains régionaux... Version originelle... Passera au repas : Nestor, 75 ans, écrivain « romans du terroir » en auto-édition, notable régional, hébergé par la municipalité.
Passeront au petit-déjeuner : Francis, 40 ans, ami de Paul ; Pierre, 52 ans, publie des livres en dilettante, à quelques exemplaires, auto-édite et auto-imprime, retourné chez lui la veille (vit à vingt kilomètres).

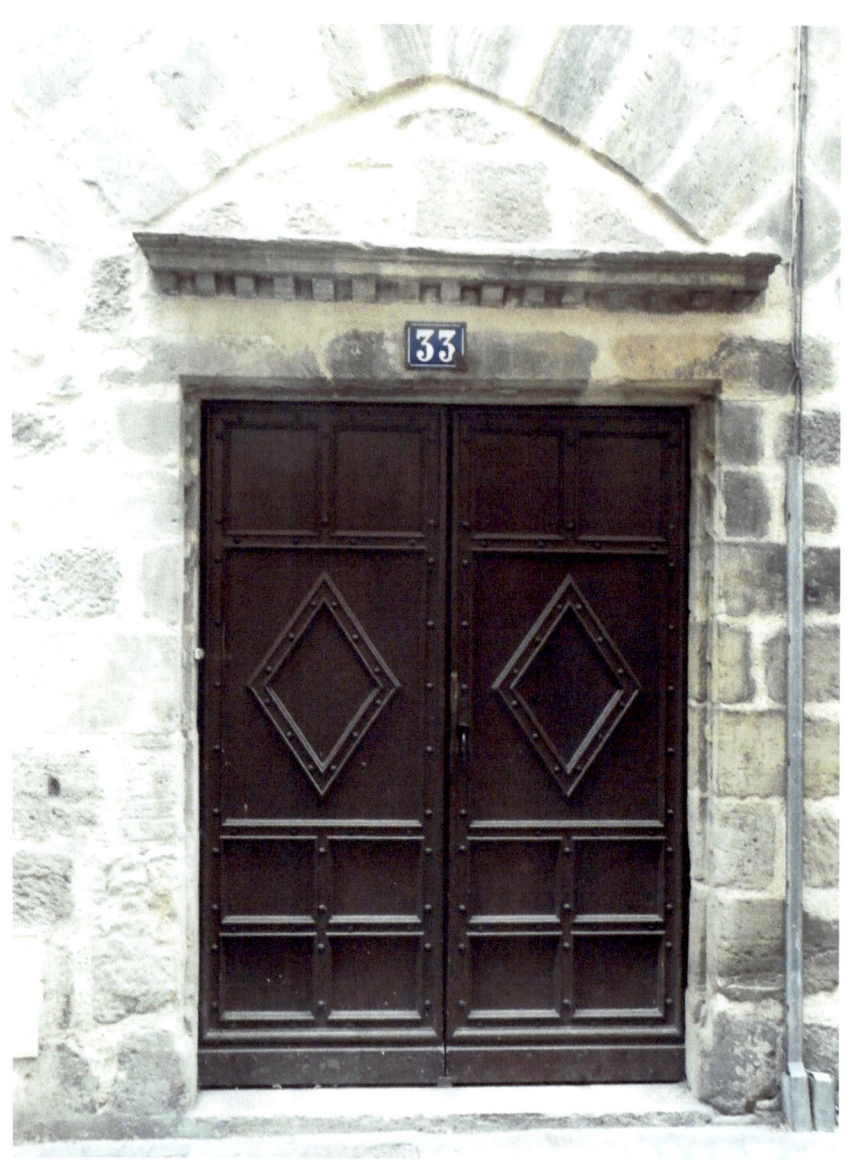

Pour tout c'qu'on croit nécessaire
On laisse détruire l'indispensable
On sacrifie même la terre
Pour des plaisirs disons minables
On laisse détruire l'indispensable, Album *Vivre Autrement*

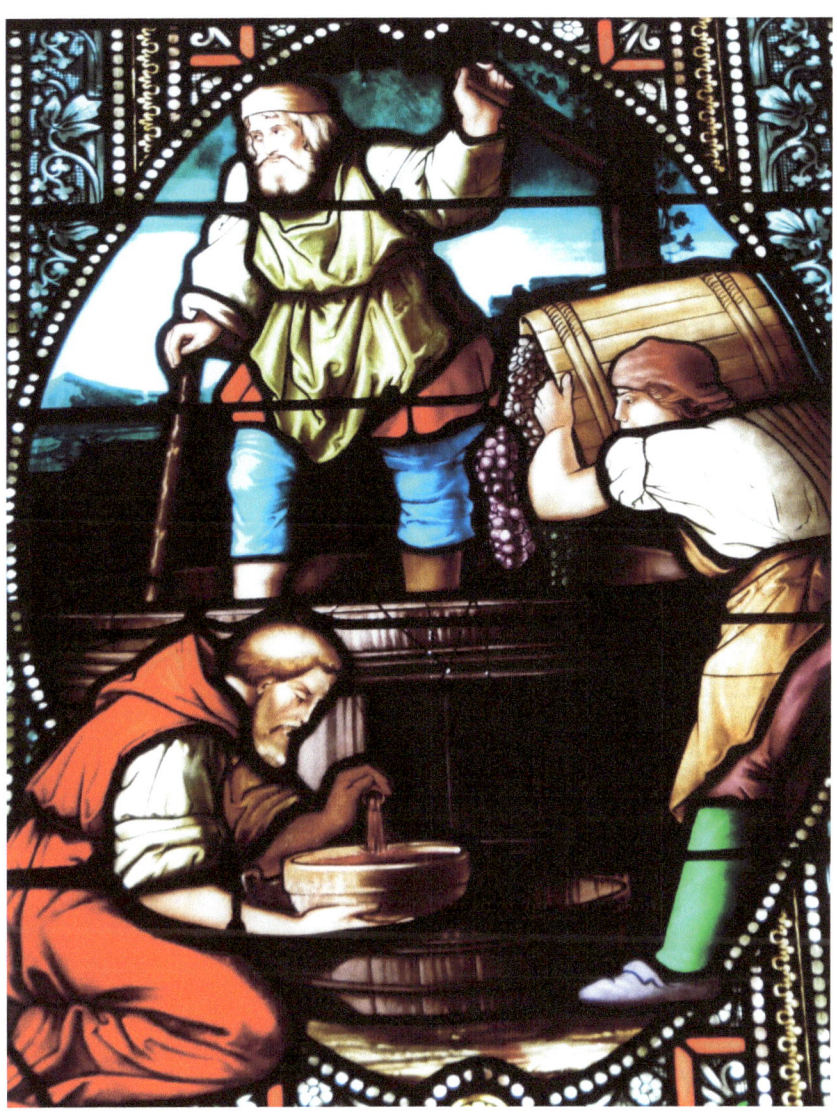

Quand Joseph Villiet représente une activité lotoise alors essentielle. C'était avant le phylloxera. Et il y eut l'erreur de ne pas replanter autant... Même pas pour remplacer le vin par la figue... Les erreurs finissent par se payer...

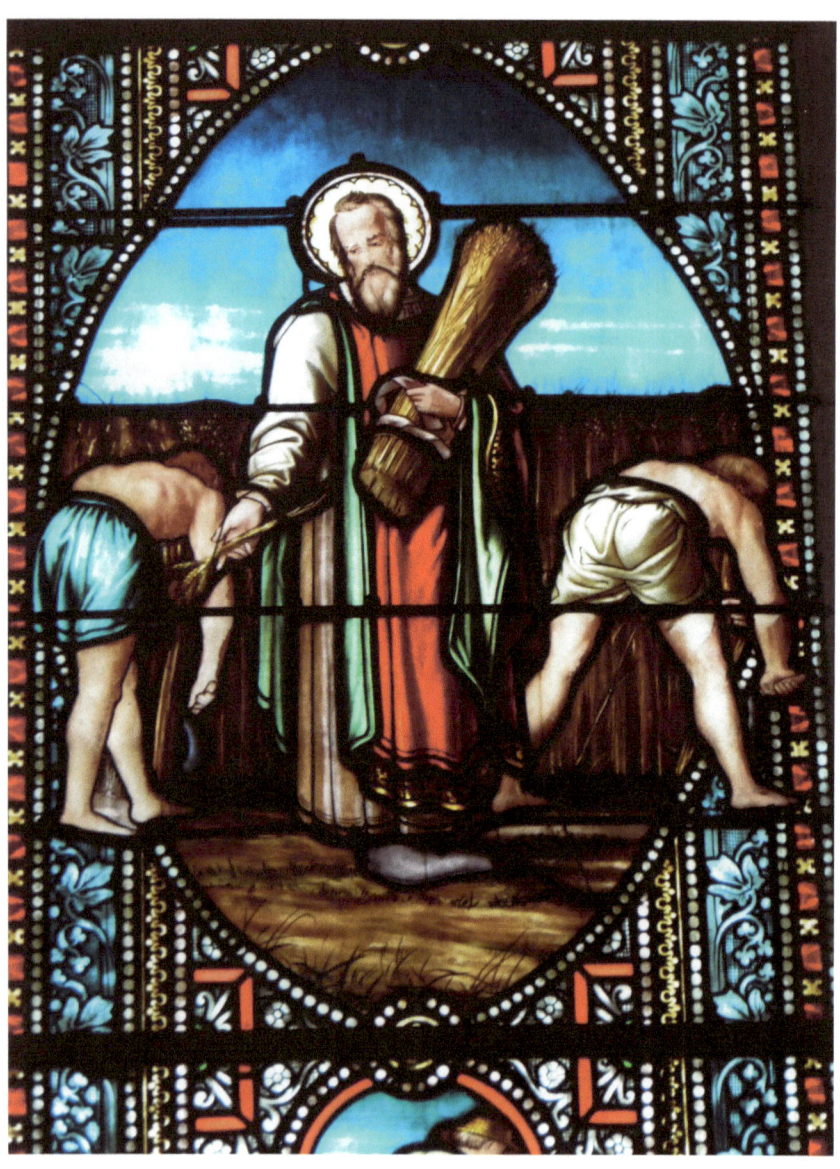

Joseph Villiet suite. Soumissions de cette époque.

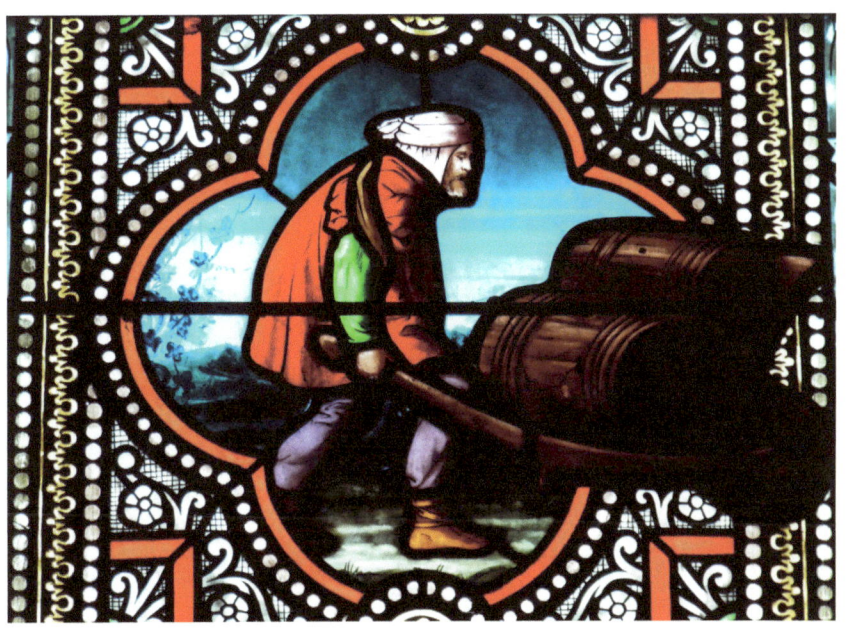

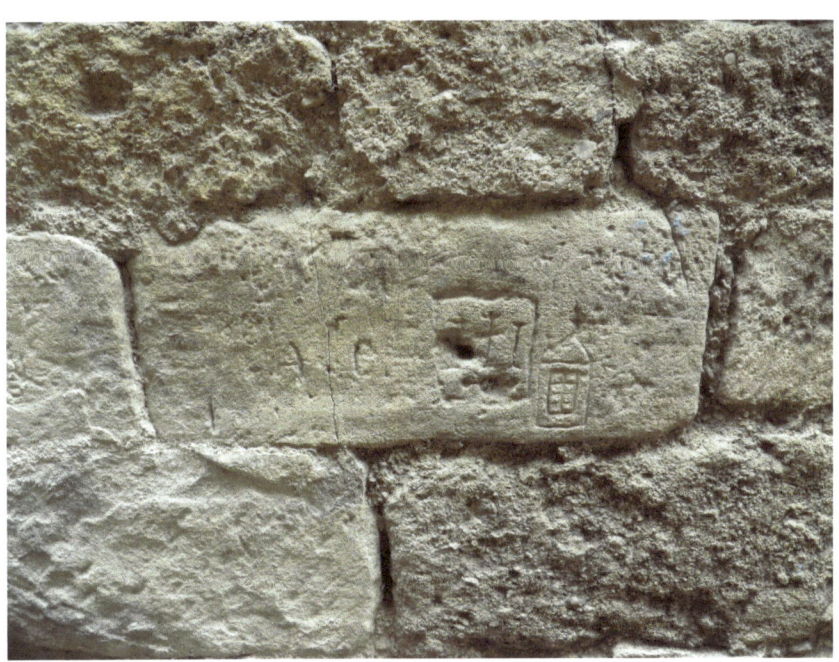

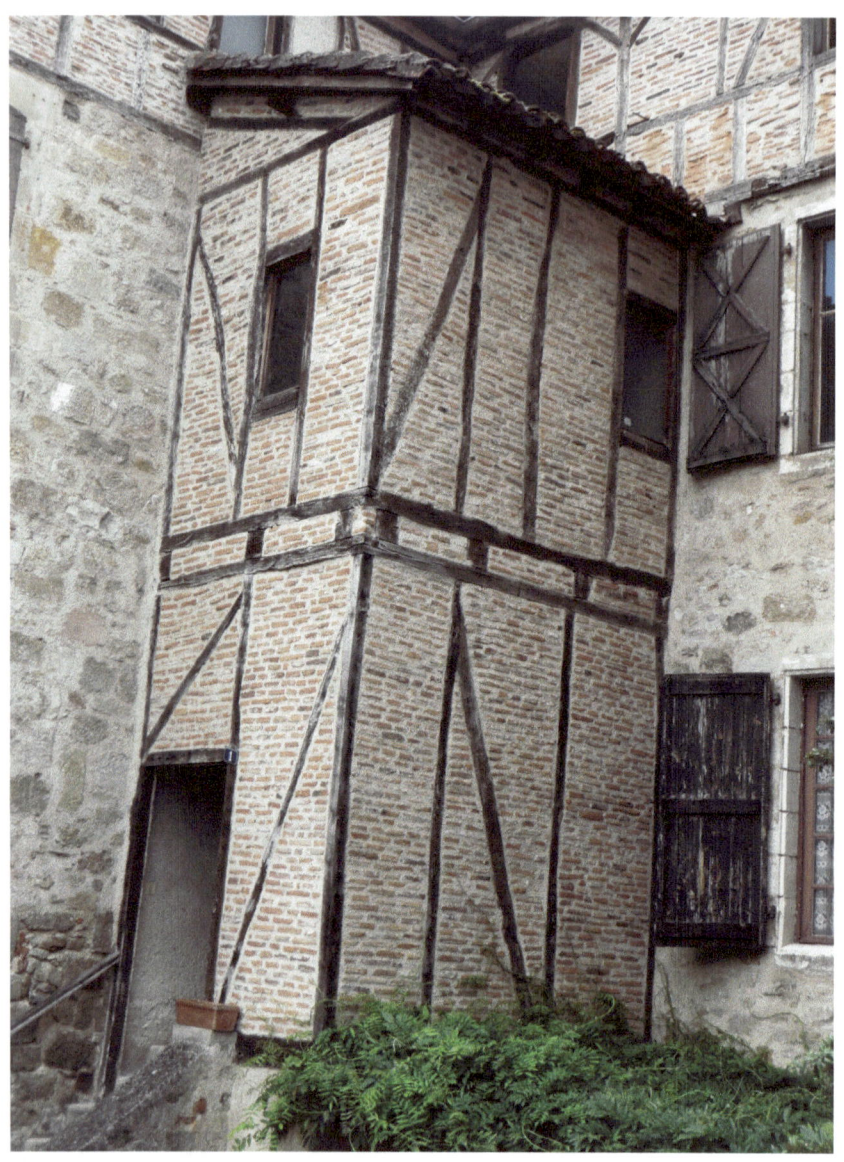

Christophe : - Mais s'il était romancier, ça se saurait.
Martine : - Je suis quand même allée jusqu'à la page 52 de son premier roman… Vous pourriez m'applaudir !
Christophe : - T'as quand même pas acheté son bouquin !… Alors que tu n'achètes jamais les miens !

Aventures d'écrivains régionaux

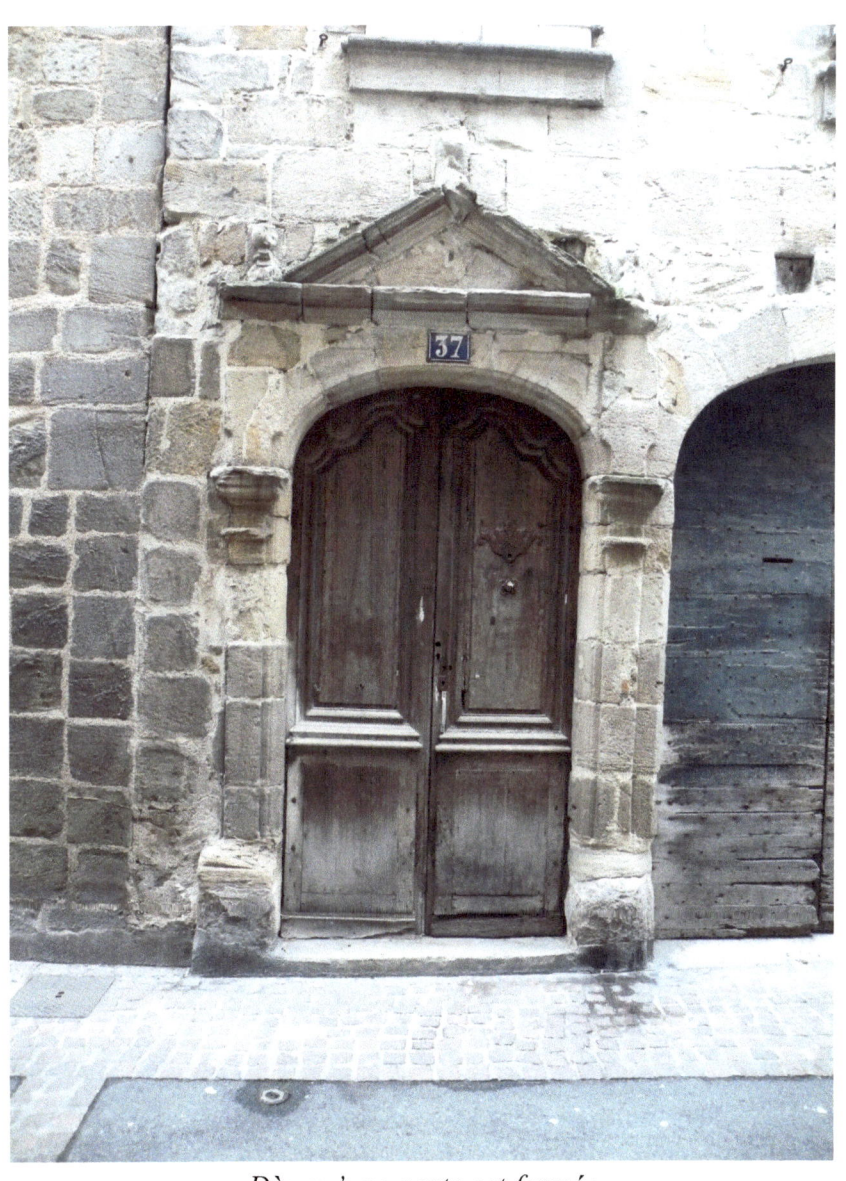

Dès qu'une porte est fermée
J'imagine les gros crétins
Intermédiaires qui se croient malins
Ils attendent un gros pourboire
Pour laisser voir, nous faire recevoir
Extrait d'une chanson

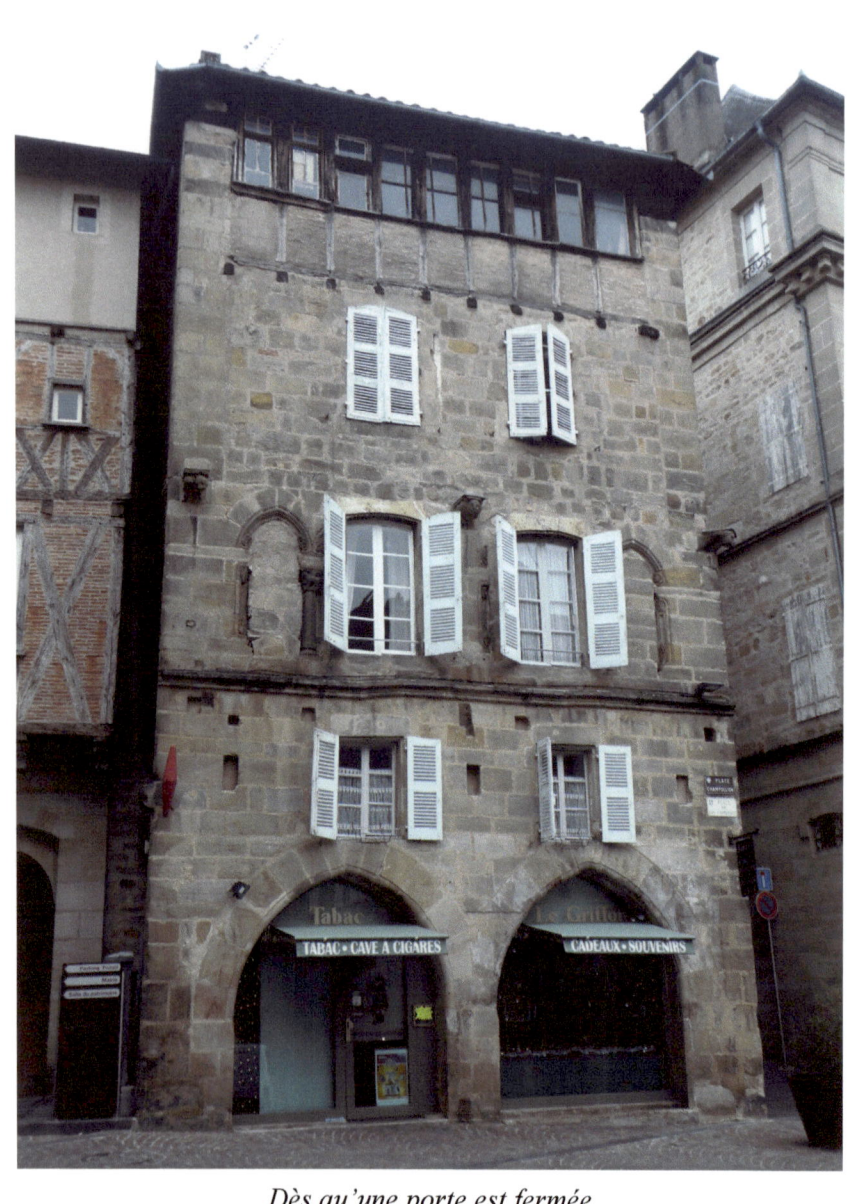

Dès qu'une porte est fermée
C'est le grand attroupement
On essaye d'entrer par les fenêtres
Il faut à tout prix en être
Approcher the big dieu le maître

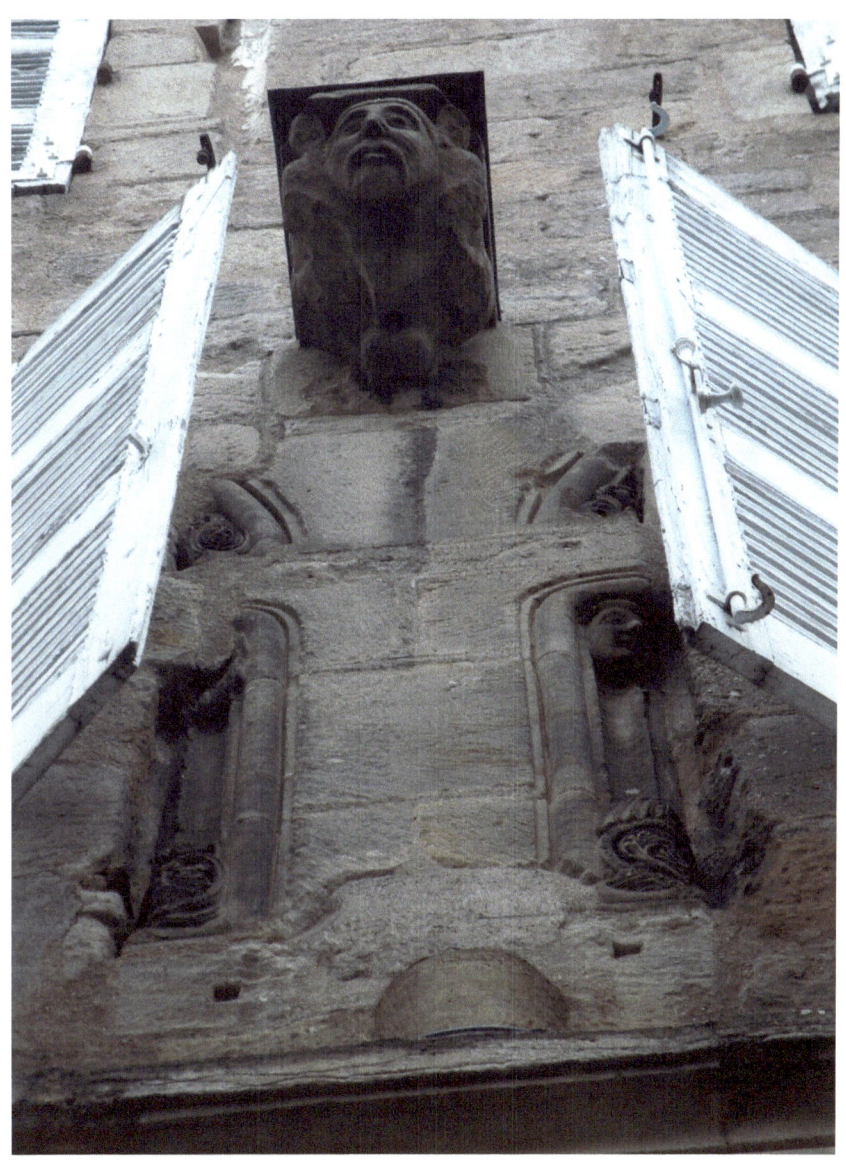

Parfois je n'ai rien à dire. Tiens, je l'ai noté...

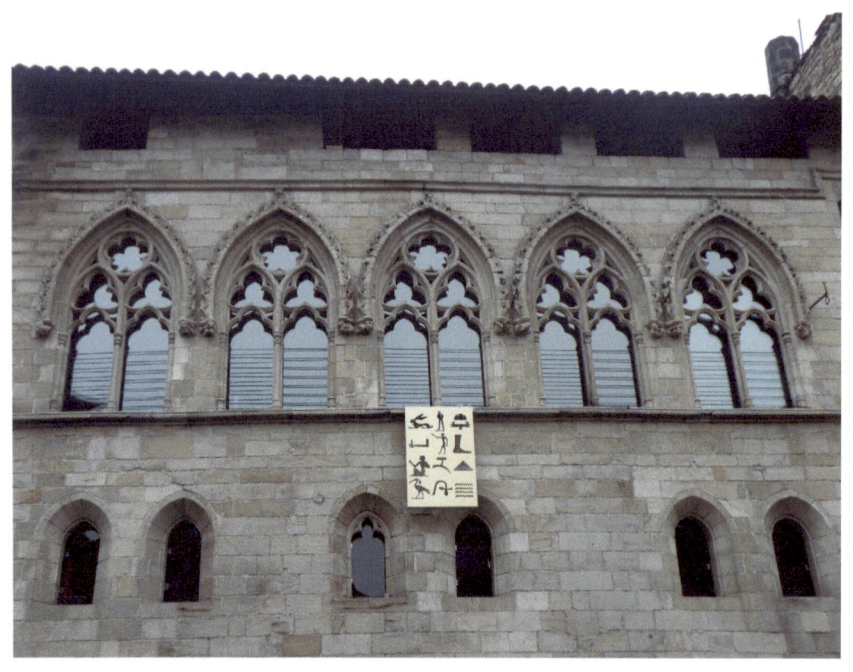
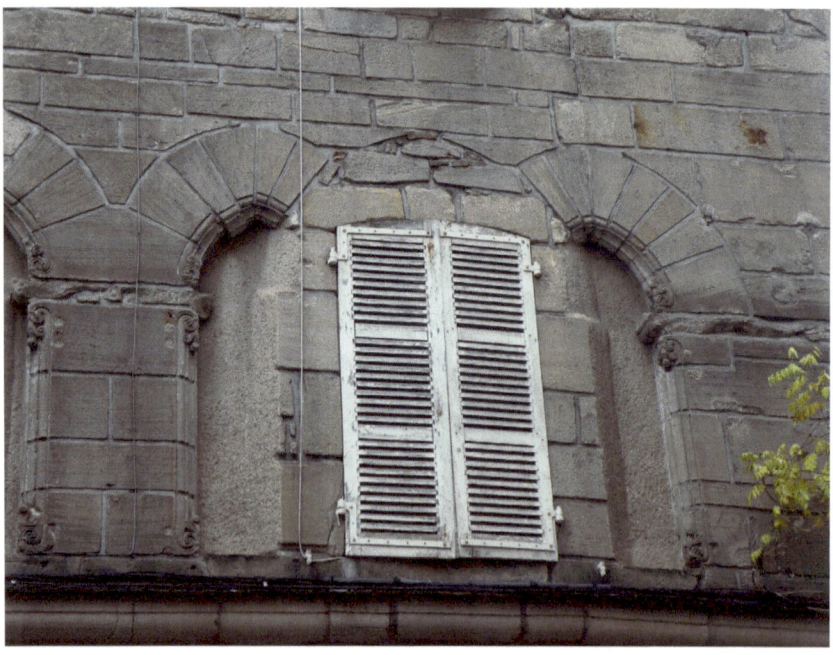

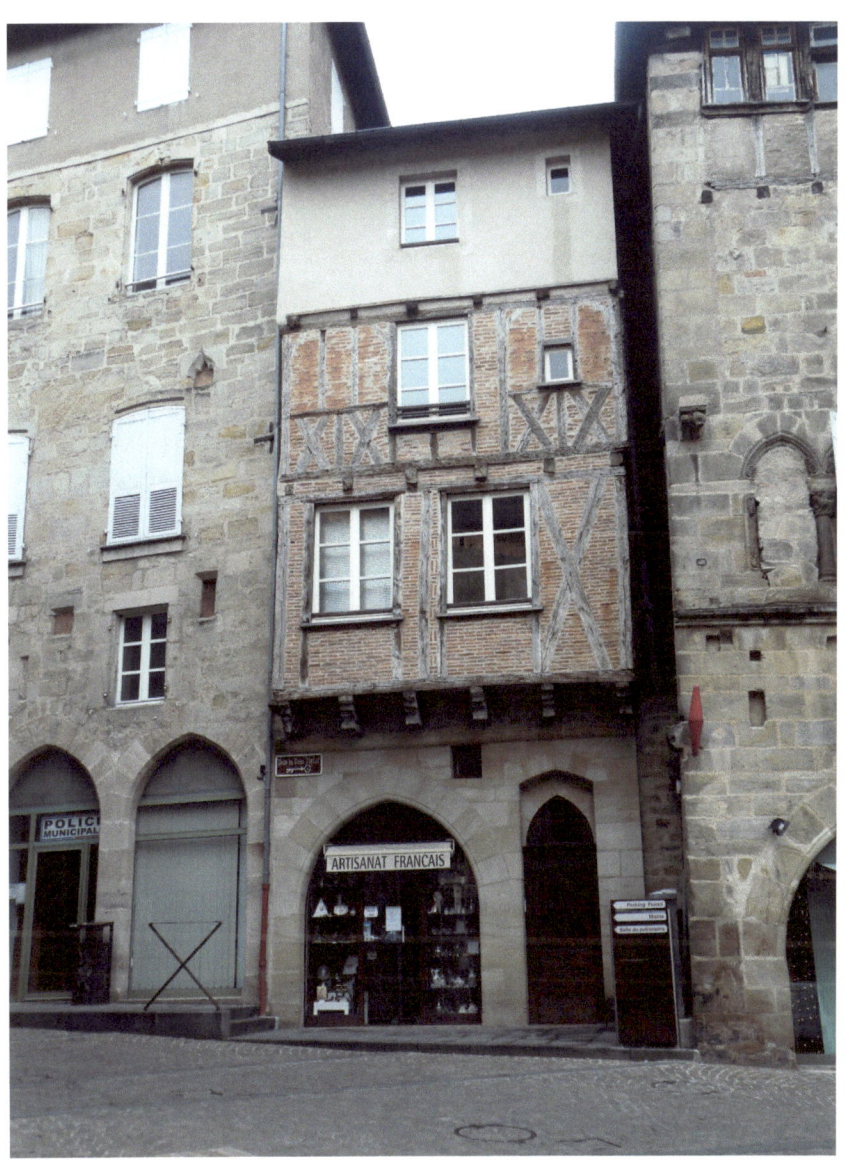

Etre différent n'est ni une bonne ni une mauvaise chose.
Cela signifie simplement que vous êtes suffisamment courageux pour être vous-même.
Albert Camus

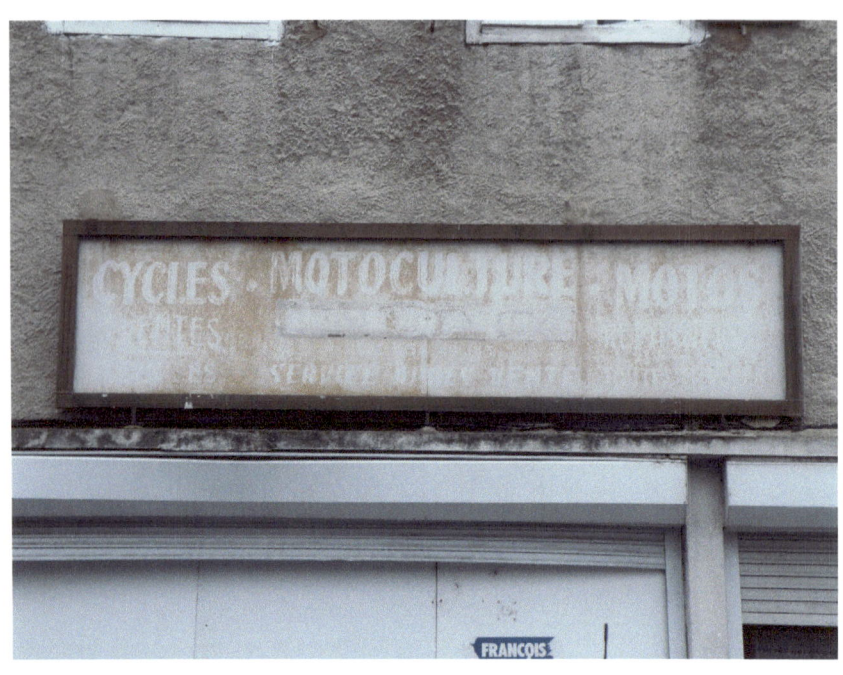

Tous s'efface... Même...

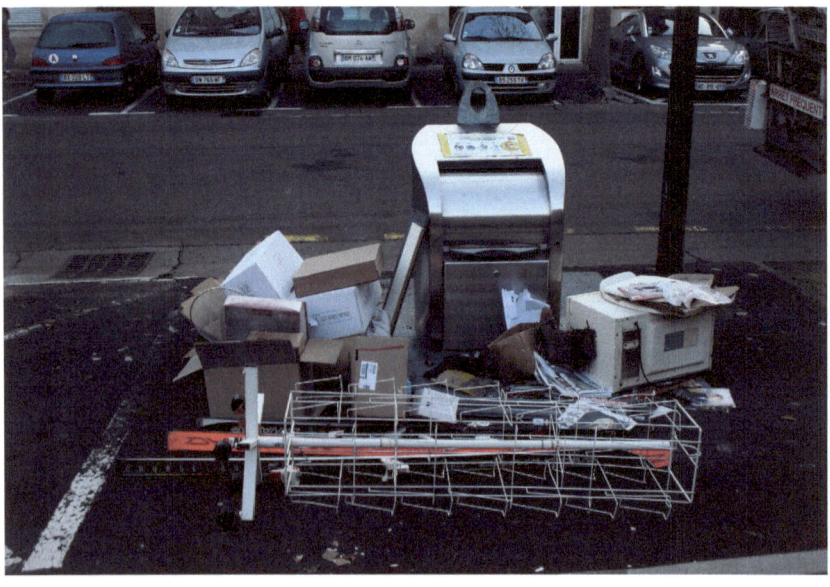

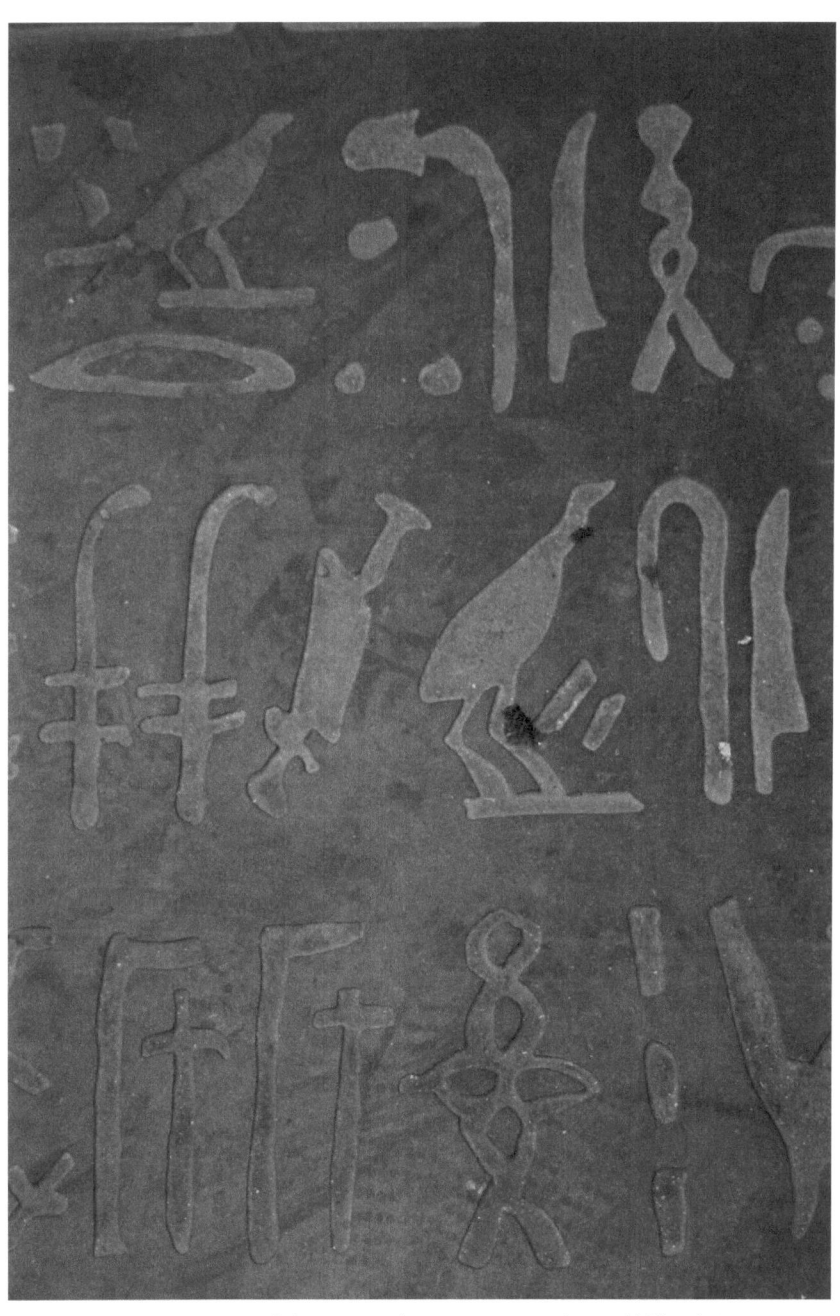

Moi également, parfois, certain(e)s ont des difficultés à me comprendre... Dans quelques milliers d'années, peut-être...

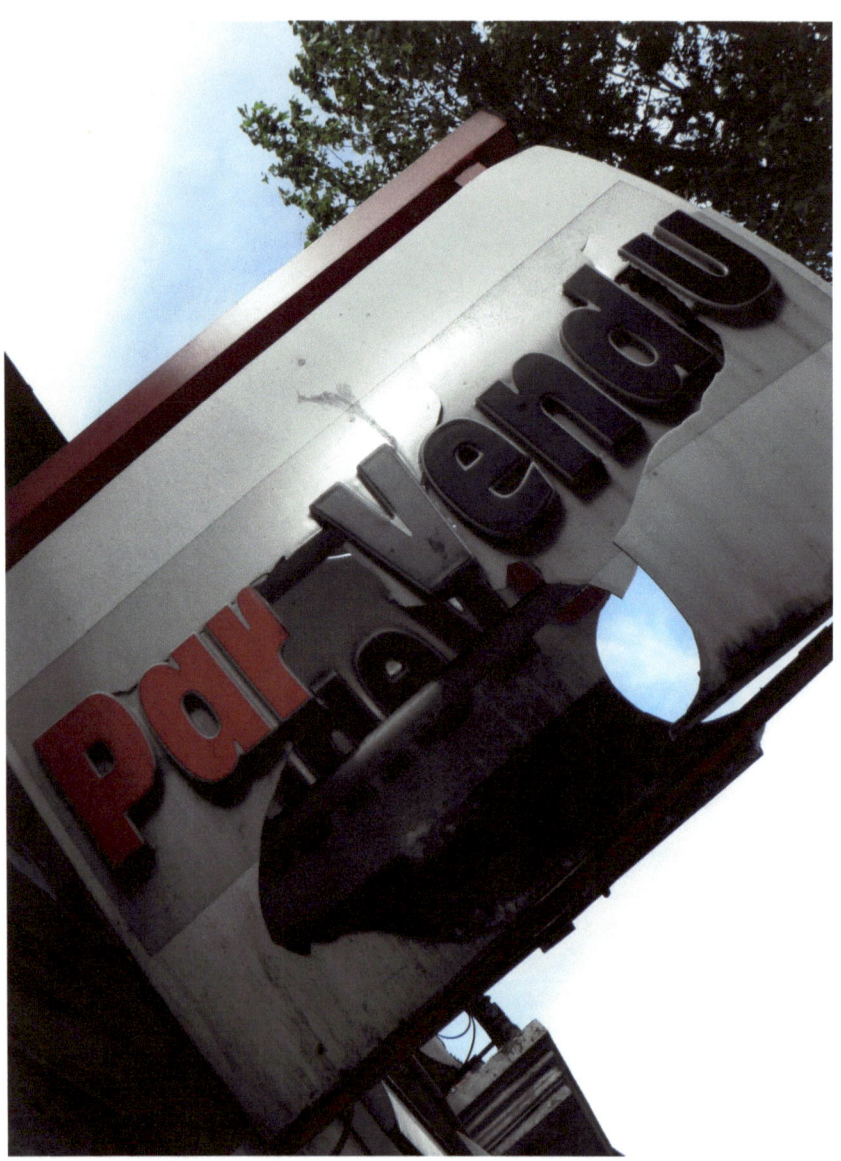

J'ai eu un site paravendu.net mais l'héritier Hersant n'a pas voulu me le laisser... Un vieux notable, le jour de son anniversaire, a considéré, pour le compte de l'OMPI, en Suisse, qu'il convenait de me le prendre pour le donner au propriétaire de la marque... Je ne vais pas vous raconter ma vie... Internet également est un monde compliqué... Mais parfois même les puissants s'écrasent...

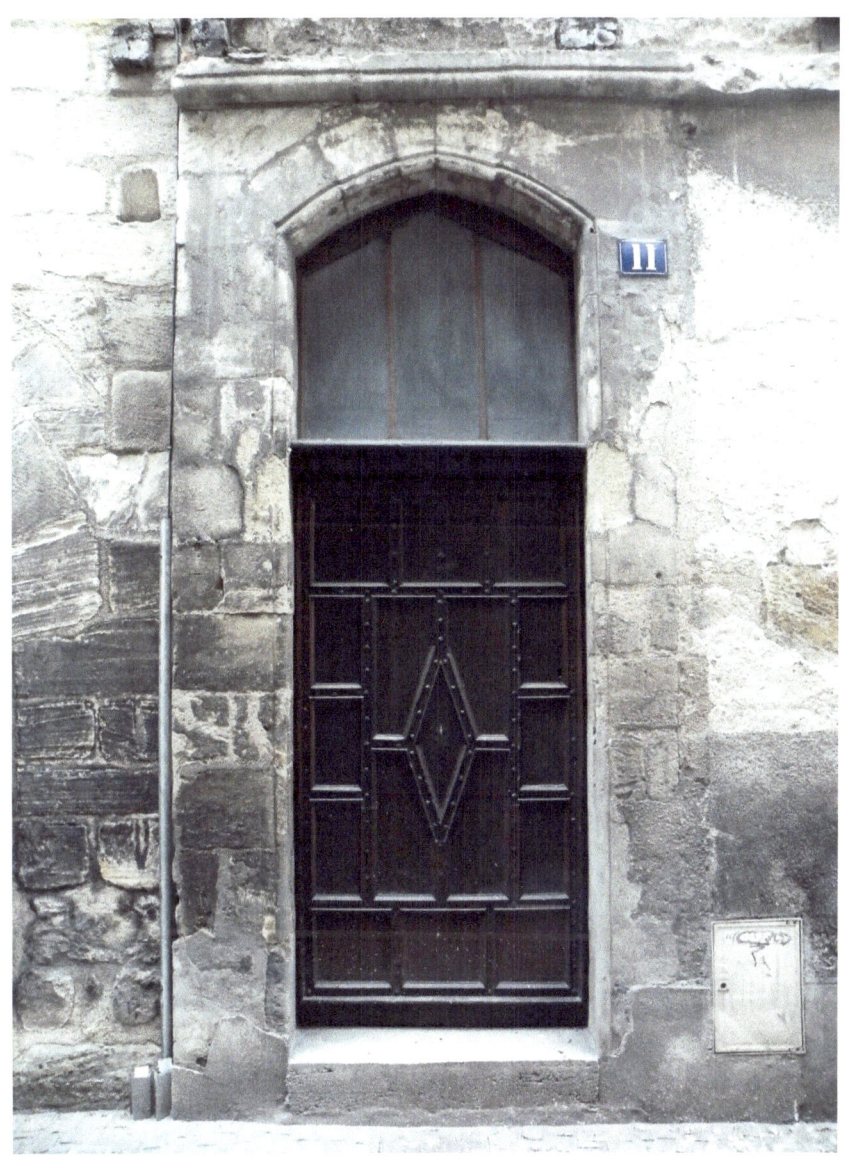

Ai-je accordé trop d'importance aux portes ?

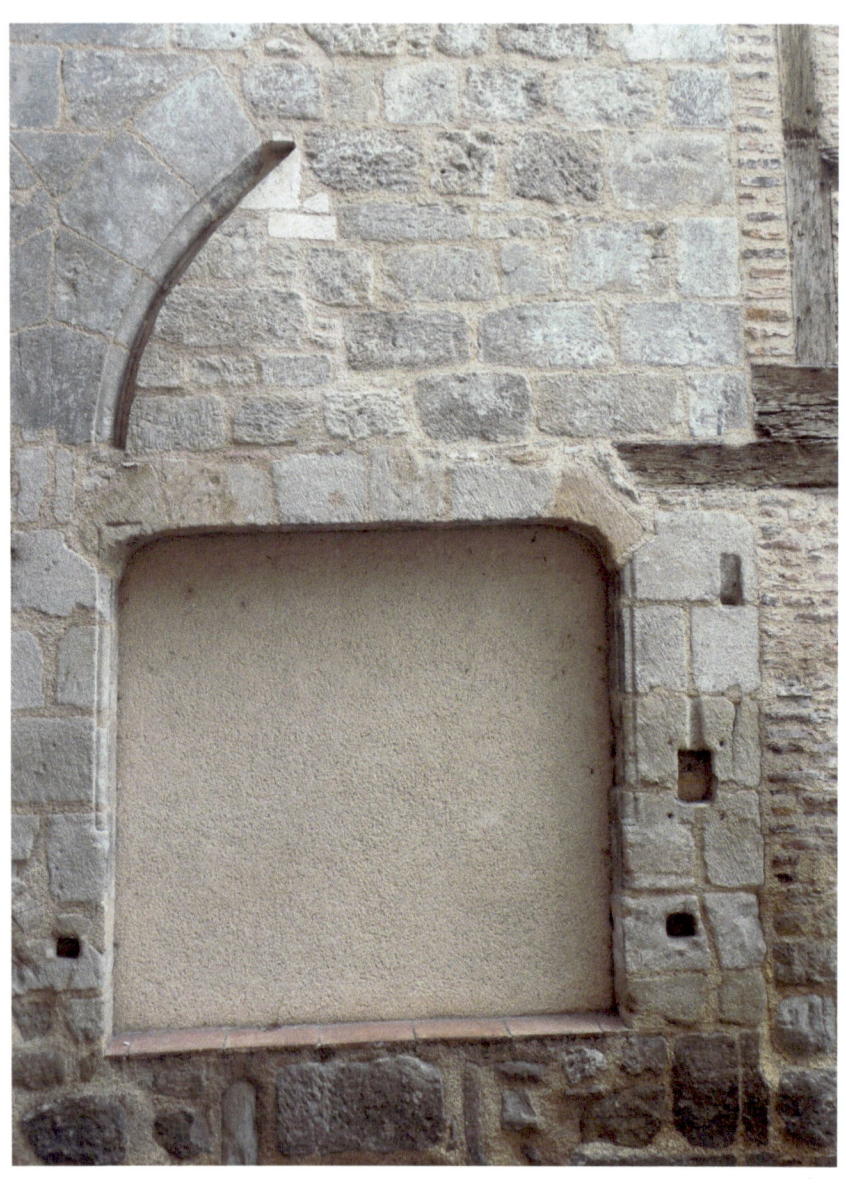

Salut à vous les tortionnaires
Les tortionnaires de la Terre
Vous avez dévoré nos sols, contaminé diaboliquement

Les tortionnaires de la terre, Album *Vivre Autrement*

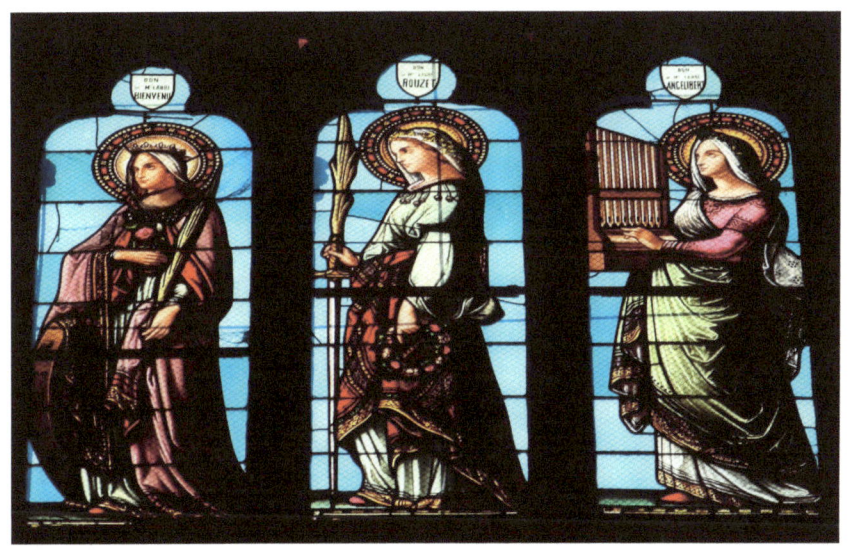

Trois femmes par Joseph Villiet.

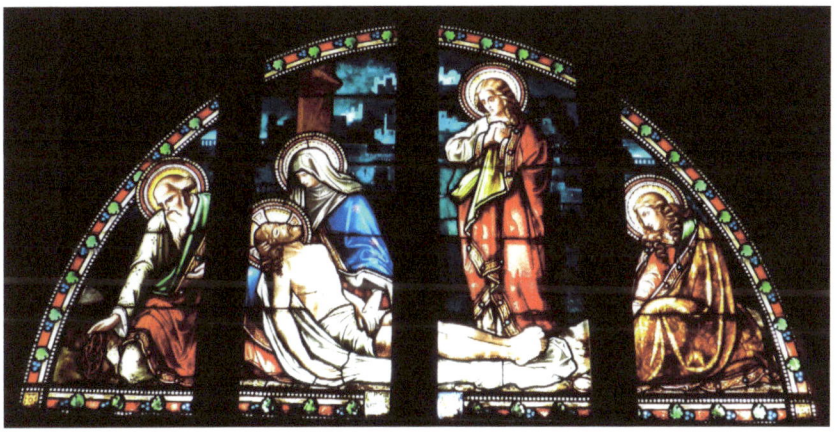

Trois autres femmes (et deux hommes) par Henri Feur.

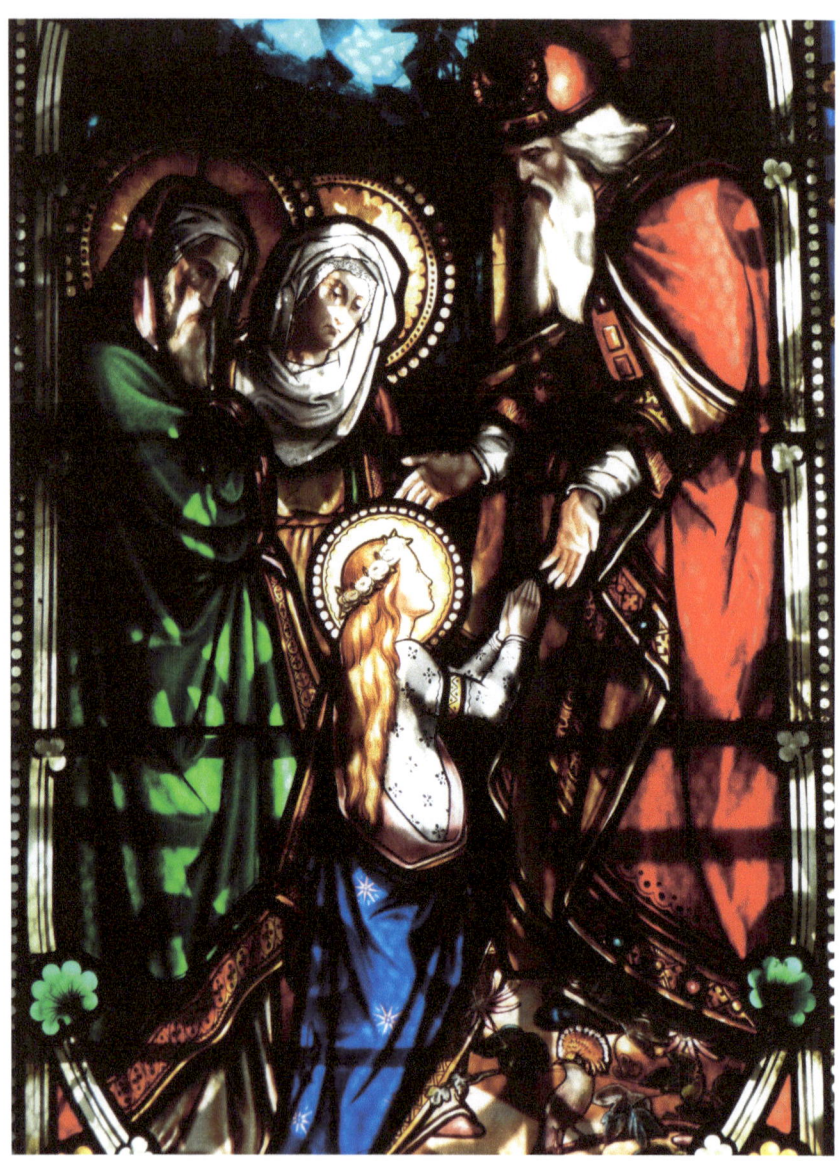

Une scène classique de l'iconographie religieuse, la présentation de Marie au temple, par Henri Feur dont la richesse des détails magnifie l'art des vitraux.

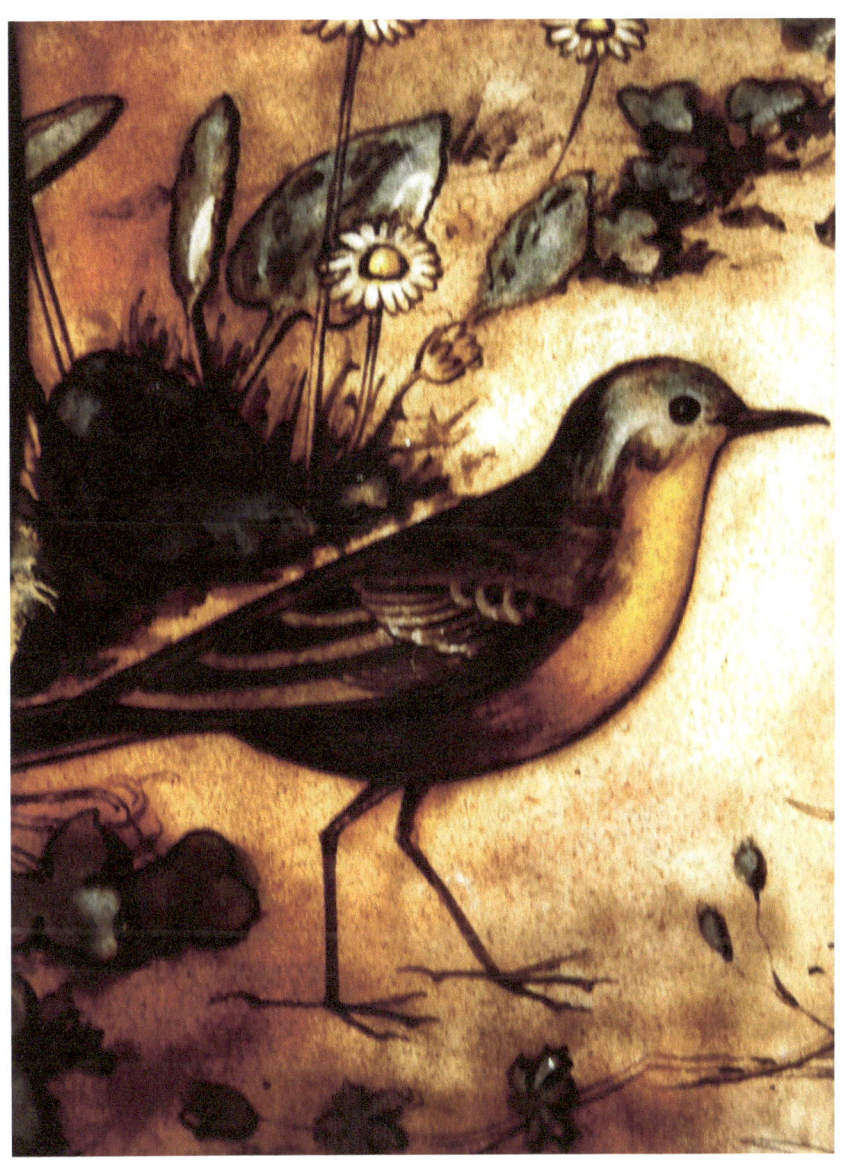

La couleur de ta peau / La couleur de ma peau
Avant que toutes les couleurs ne se mélangent
La couleur de ta peau / La couleur de ma peau
Il y en aura toujours que ça dérange

Une seule et même couleurS, Album *Vivre Autrement*

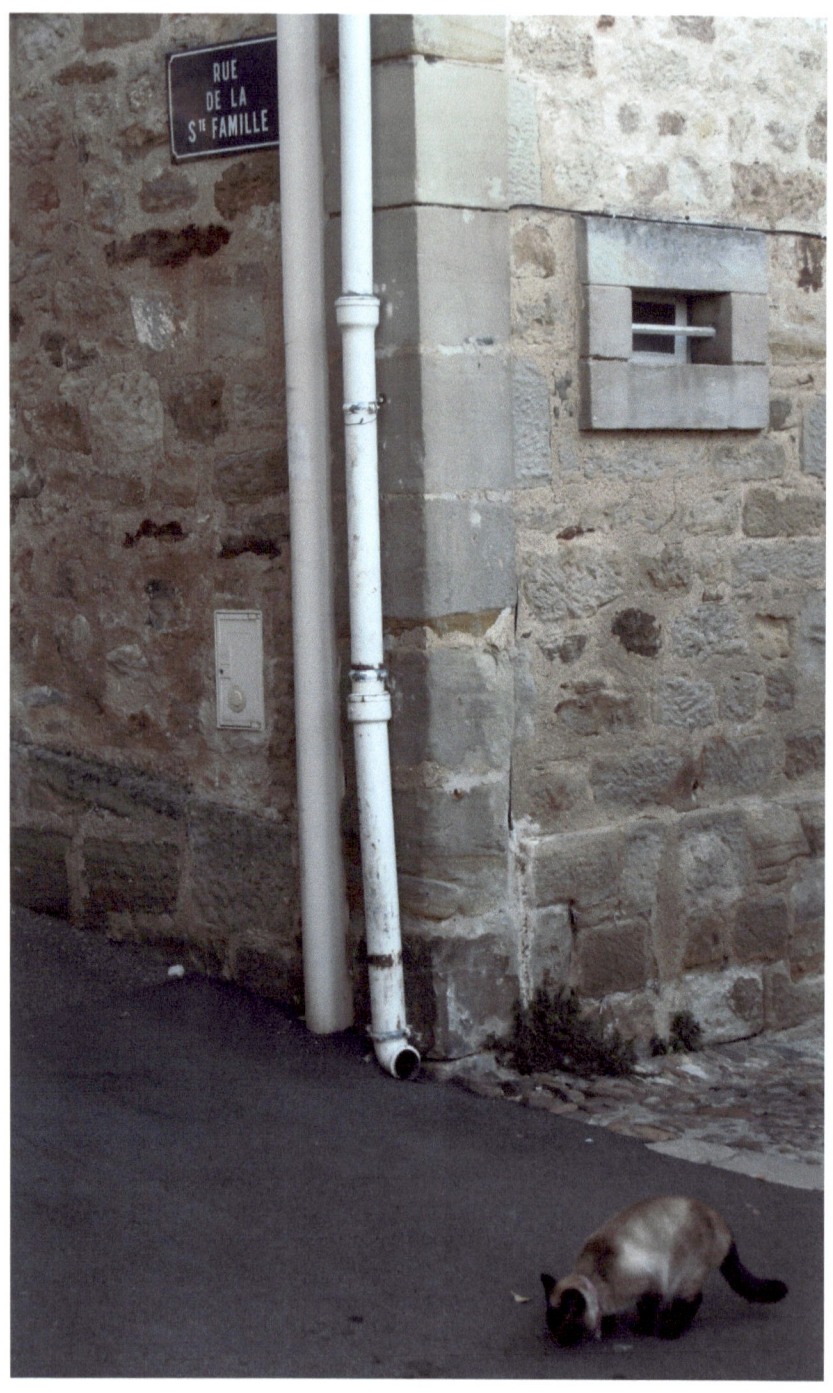

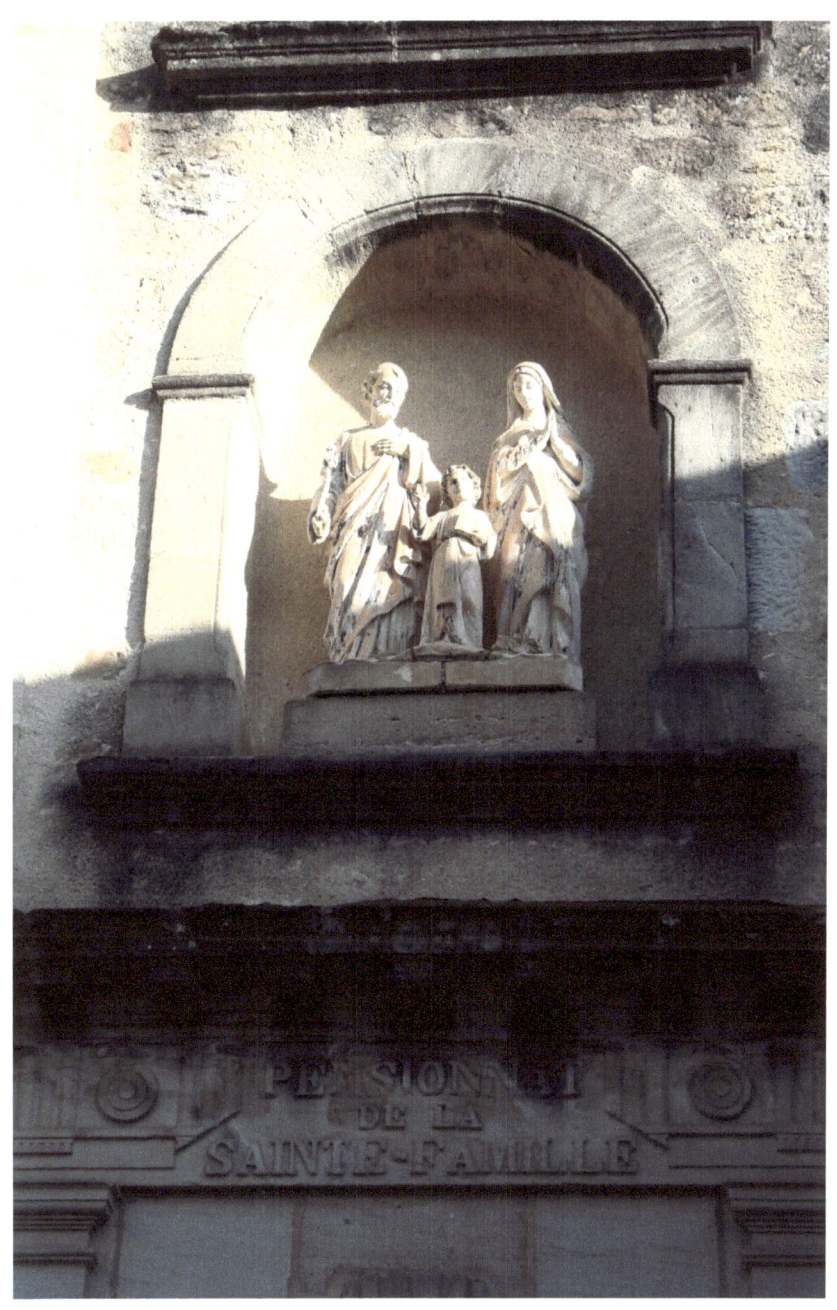

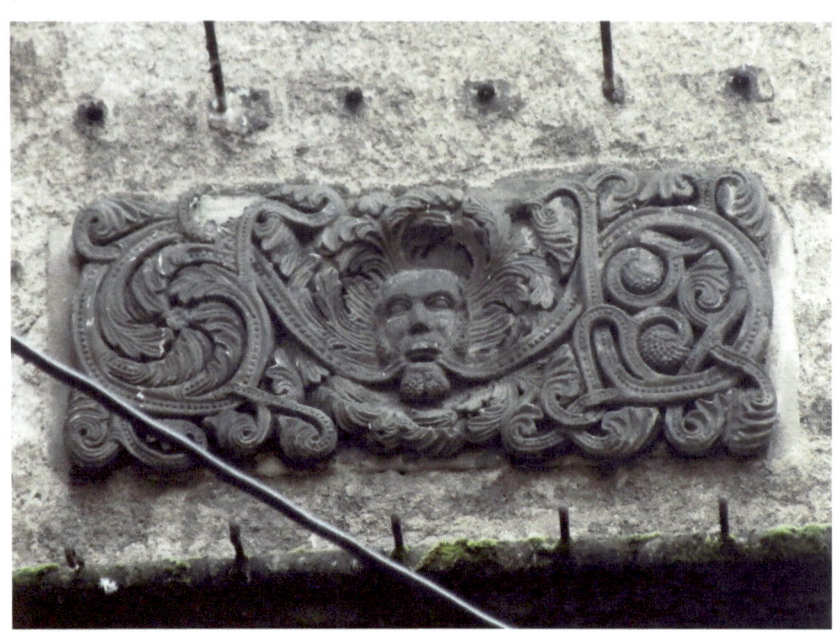

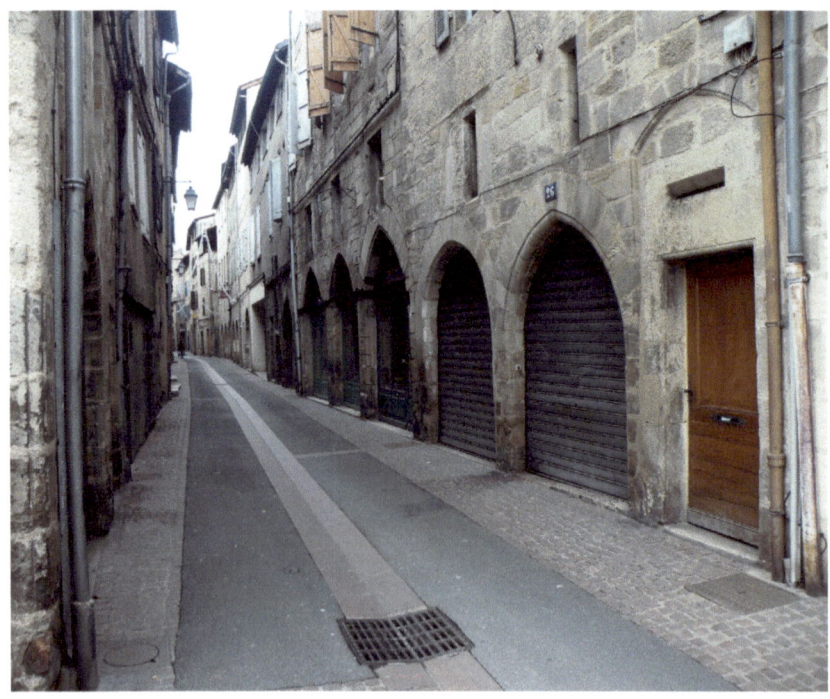

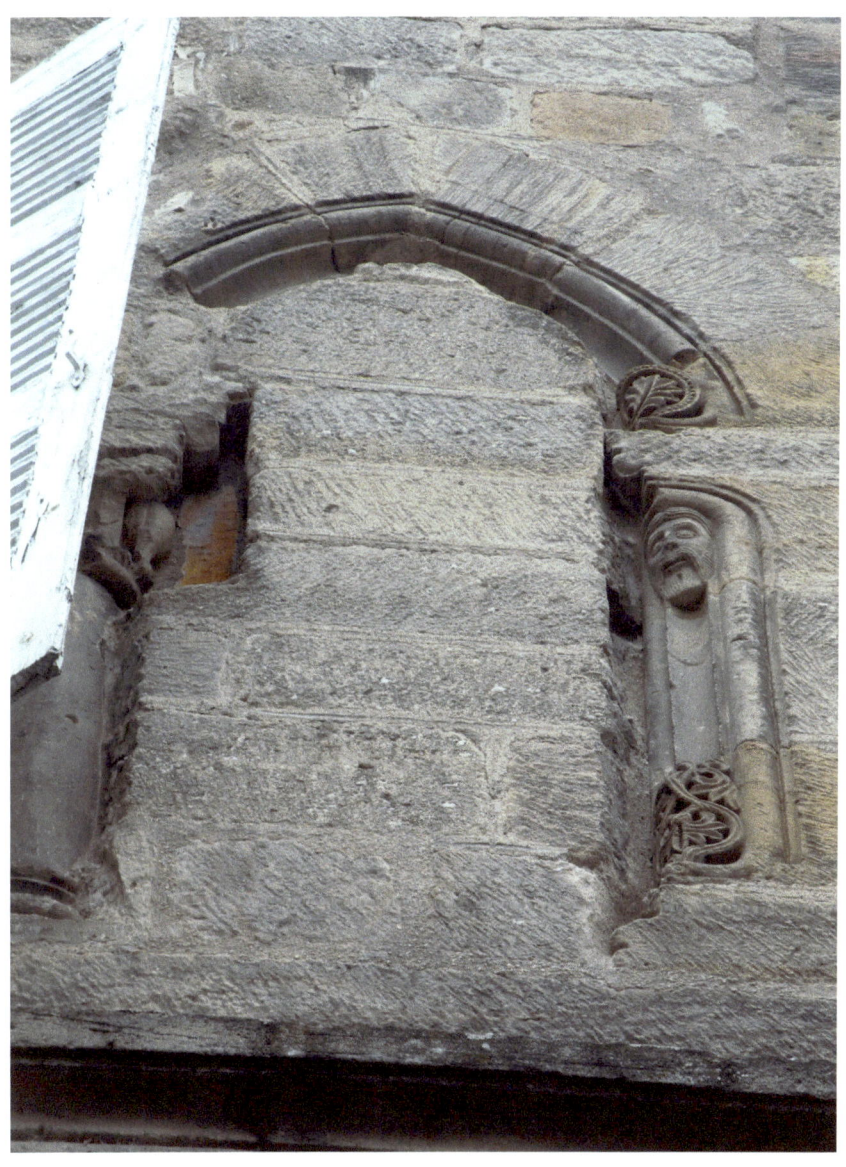

Naturellement, il faut bien ouvrir les fenêtres modernes, même si elles masquent un peu d'histoire.

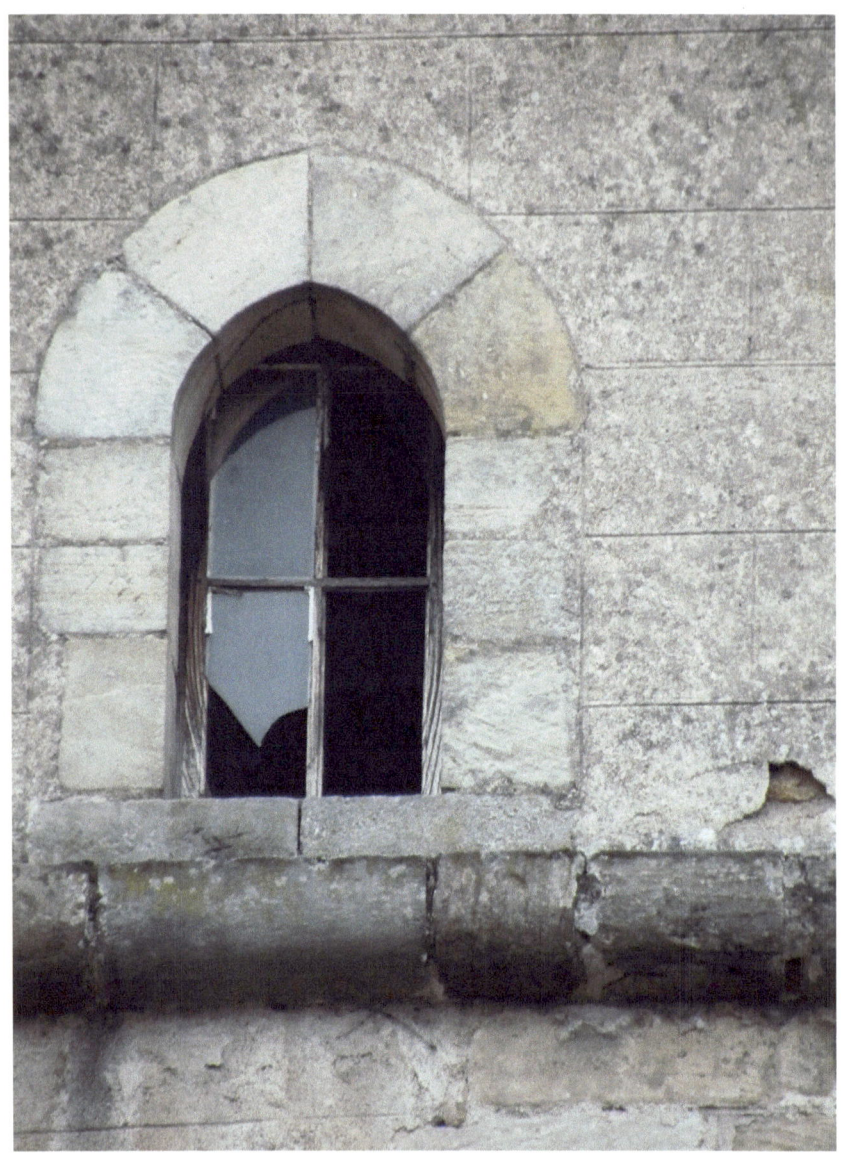

Tout s'efface, nous le savons. Même le souvenir. Même ce livre, qu'il soit en papier ou numérique, disparaîtra. Et le reste se brise. La tentation d'enterrer dans une grotte un exemplaire numérique et un en papier de l'ensemble de mes livres me traverse parfois l'esprit...
Et dans cinq ou dix mille ans, "redécouvert", je serais alors considéré comme l'écrivain majeur de notre époque !?

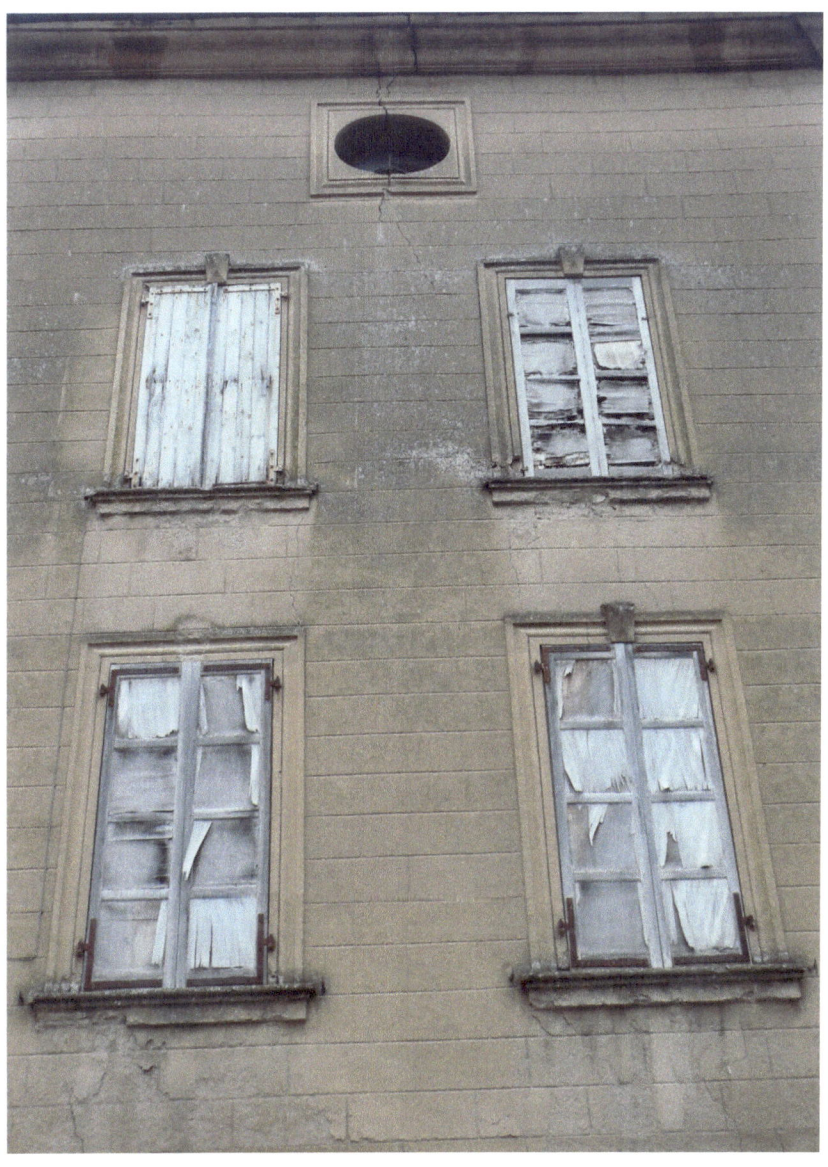

Combien de maisons inhabitées à Figeac ? Alors que des communes rurales connaissent (derniers chiffres de l'Insee, de 2012) un taux d'occupation des maisons inférieur à 50%, les 82% des 6165 logements étaient occupées en Résidences principales (5 055), 361 Résidences secondaires et logements occasionnels et 749 Logements vacants.

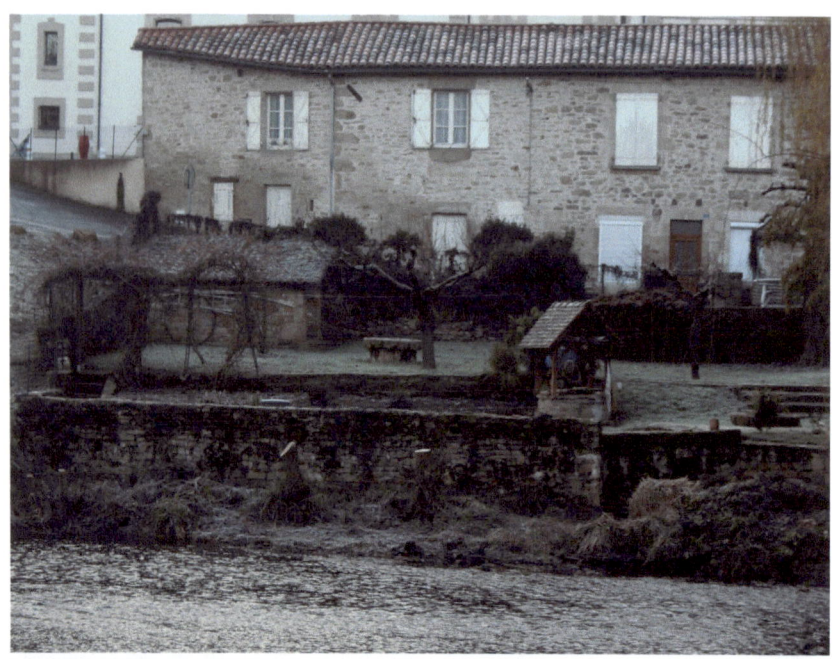

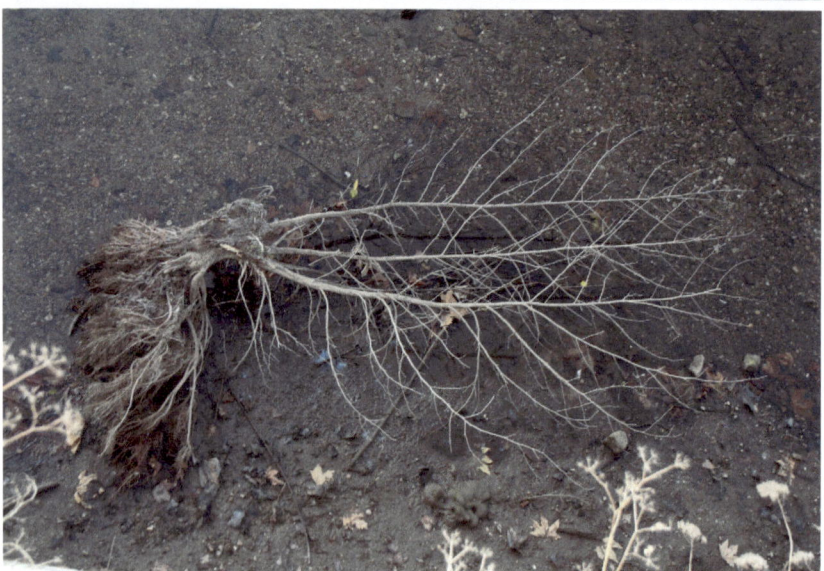

Immobilier de Figeac... Cinq ans plus tôt le nombre des Logements vacants n'était que de 596, pour un nombre de résidences principales équivalentes (5047) et 20 "résidences secondaires et logements occasionnels" en moins. Il semble inutile de construire sur Figeac !

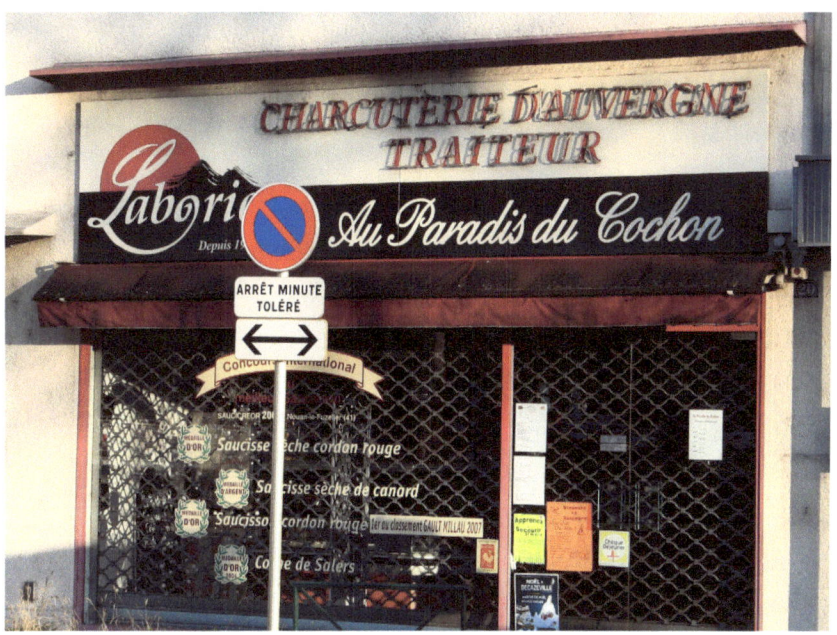

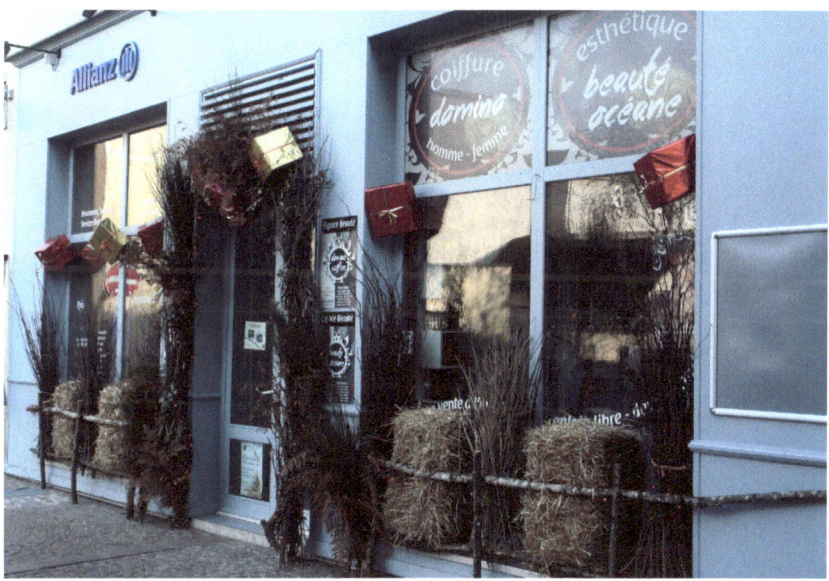

Quand la ruralité revient en ville... un peu de kitch pour rappeler nos racines...

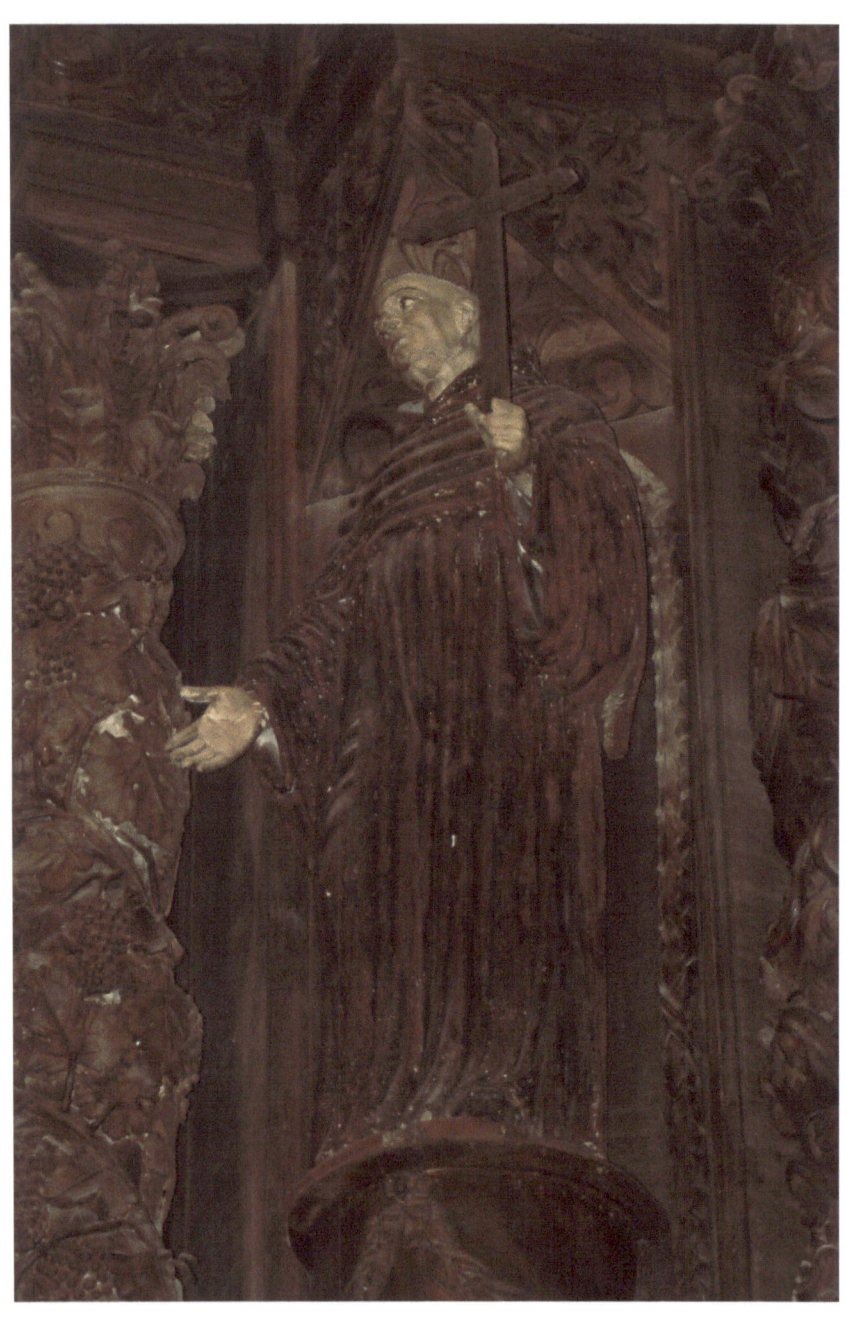

Mais qui est-ce ?

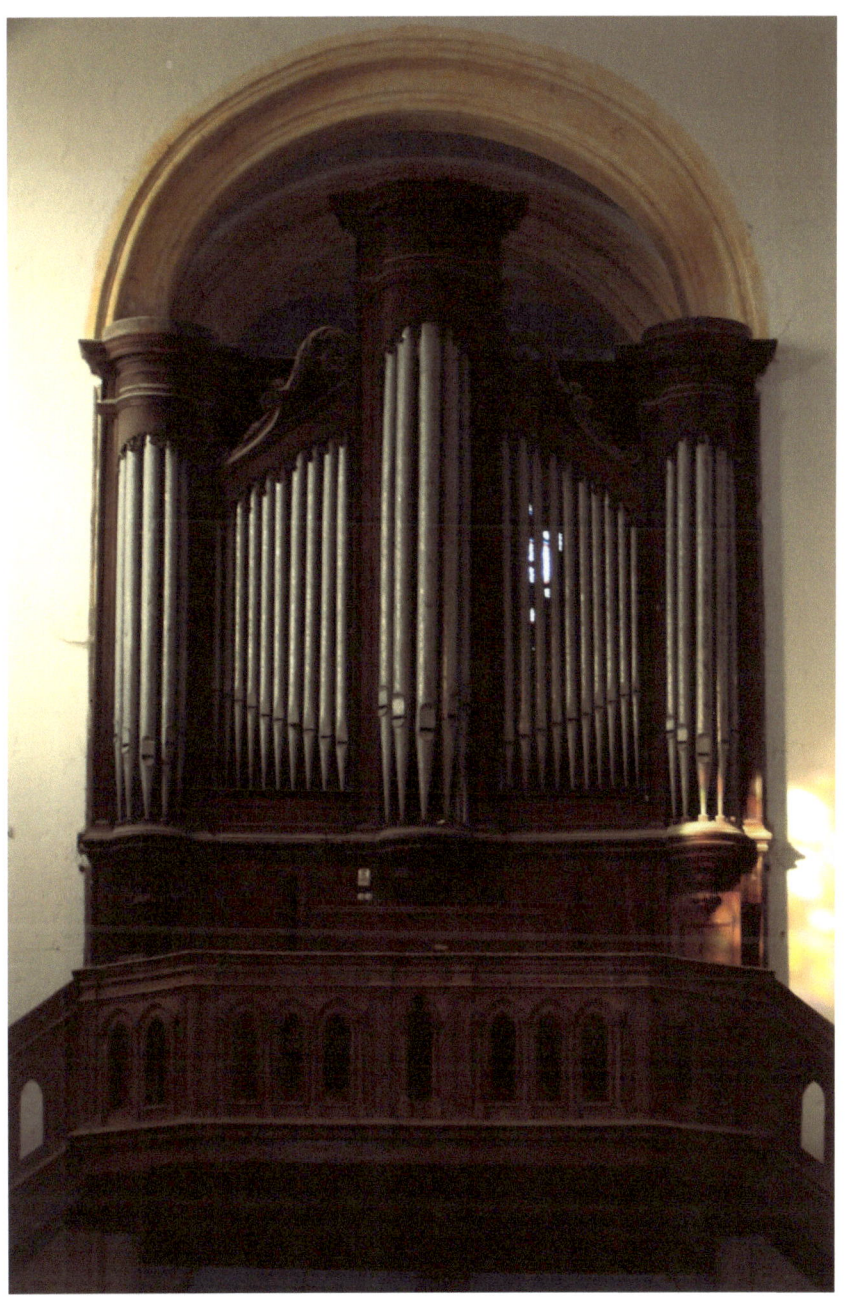

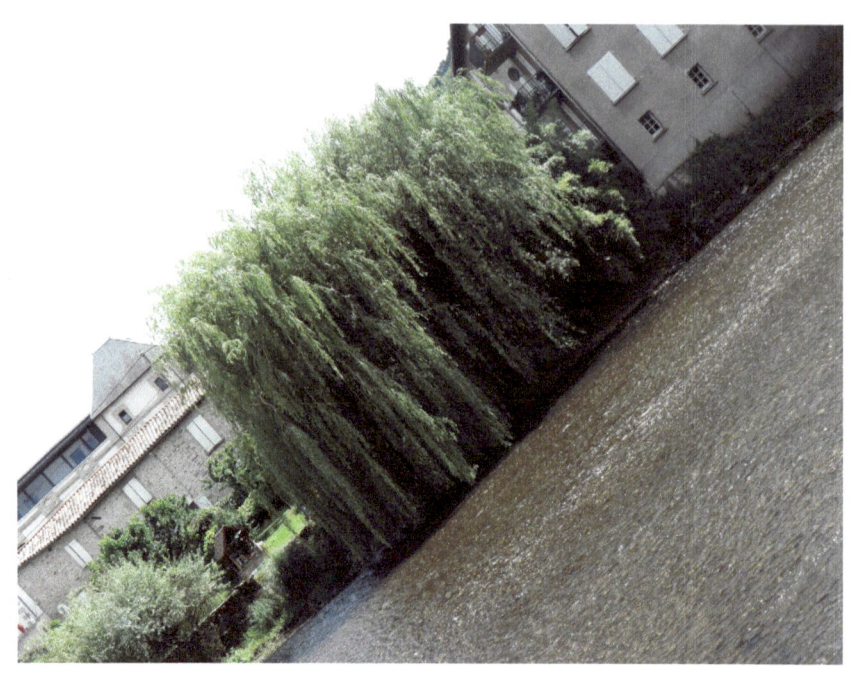

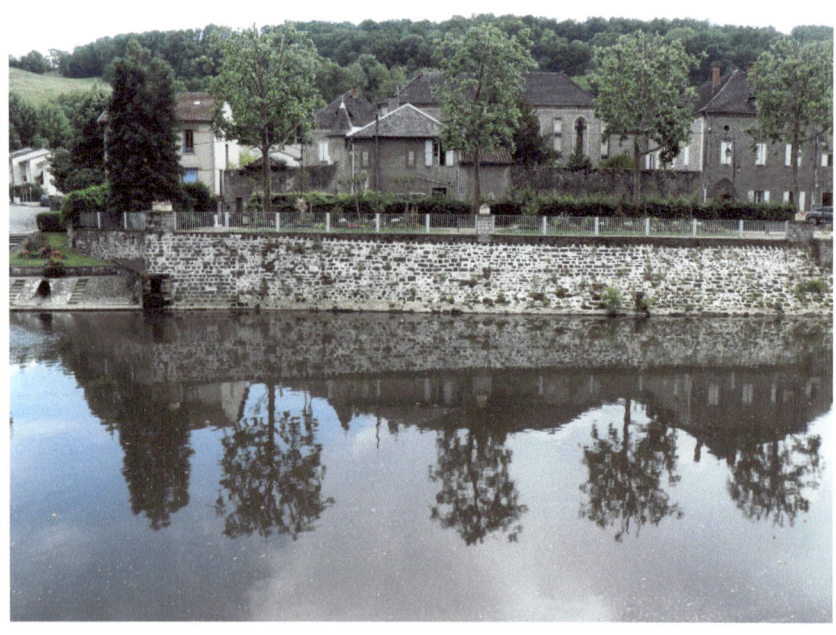

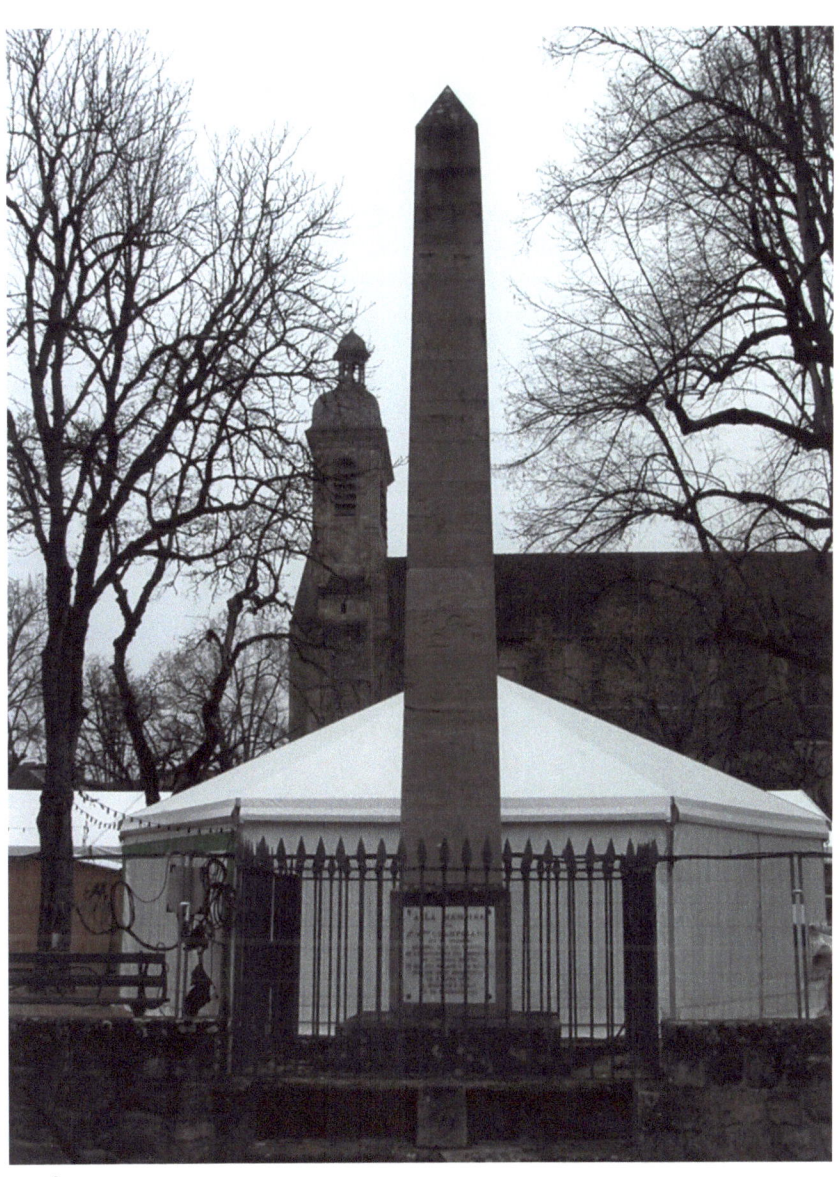

« *À la mémoire de Jean-François Champollion qui le premier pénétra...* » Ainsi s'explique pourquoi l'obélisque de Figeac est bien dressé !... Il pénétra « *dans les mystères...* » Eh oui, c'est toujours un mystère... « *de l'antique...* » Chacun sa préférence... « *Égypte...*» Avant Loana, y'a eu Égypte... Il était né à Figeac le 23 décembre 1790...

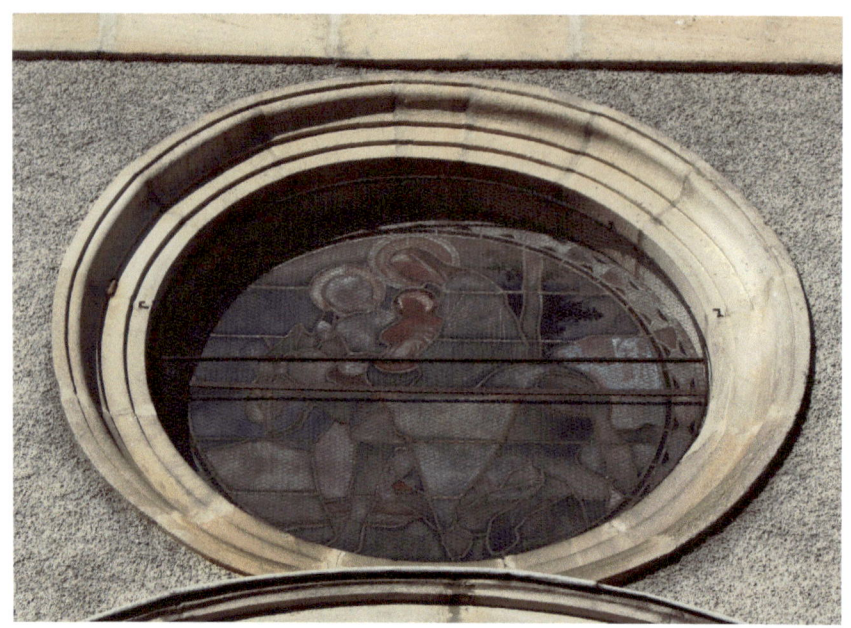

Qui a réalisé ce vitrail ? Impossible de rentrer dans "la chapelle."

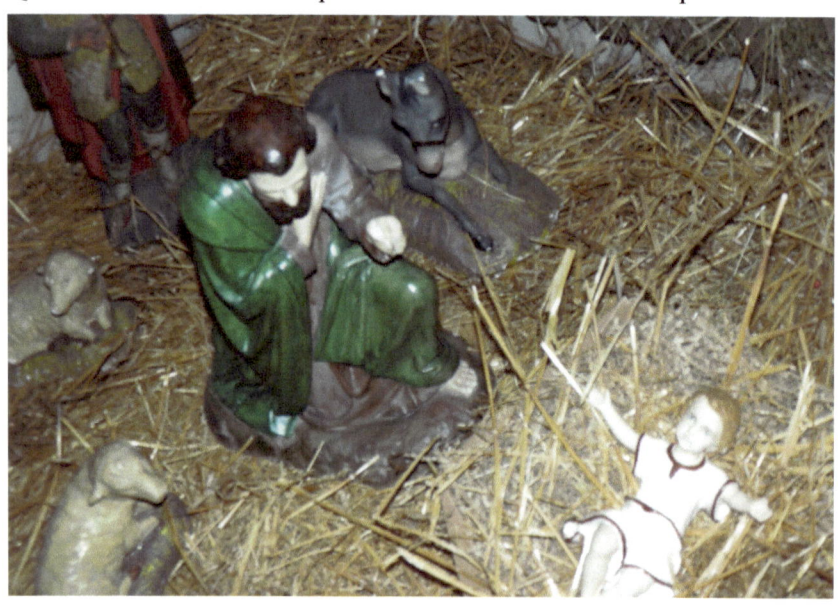

Je préfère l'âne du vitrail !

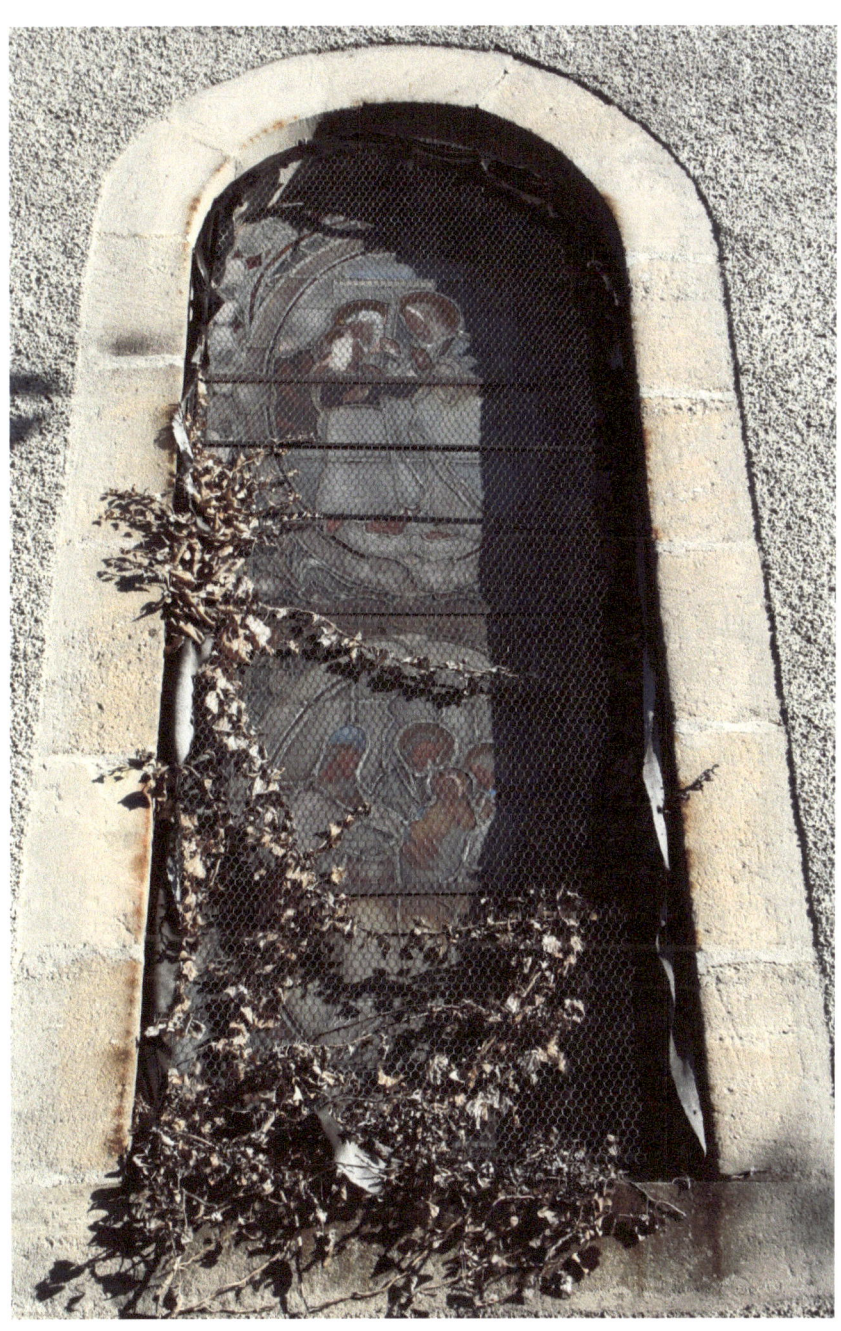

Autre vitrail de la chapelle.

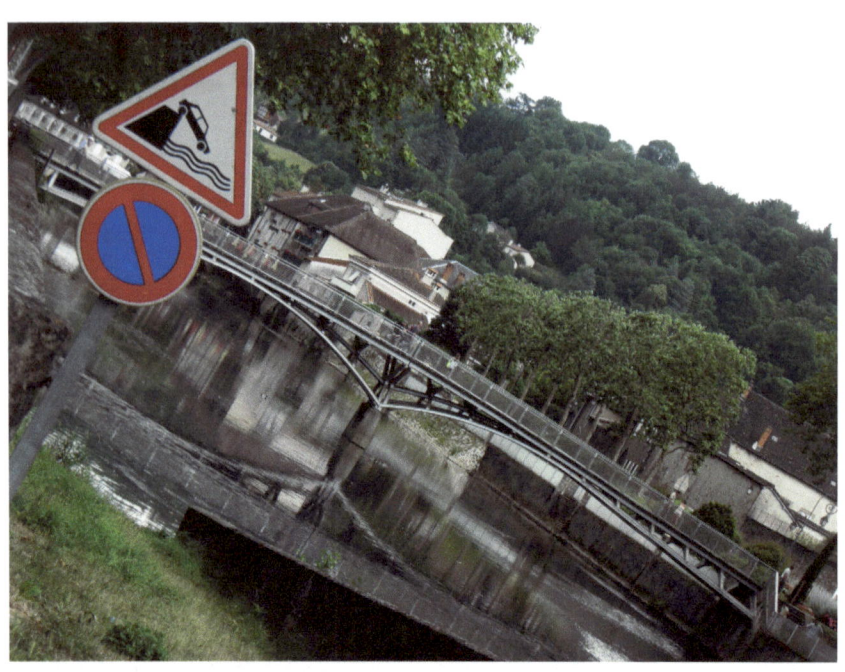

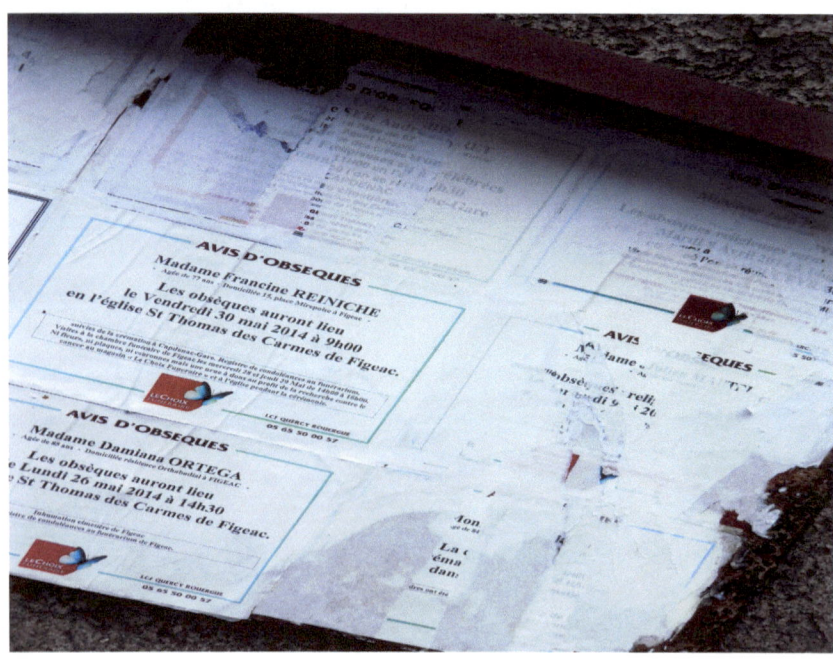

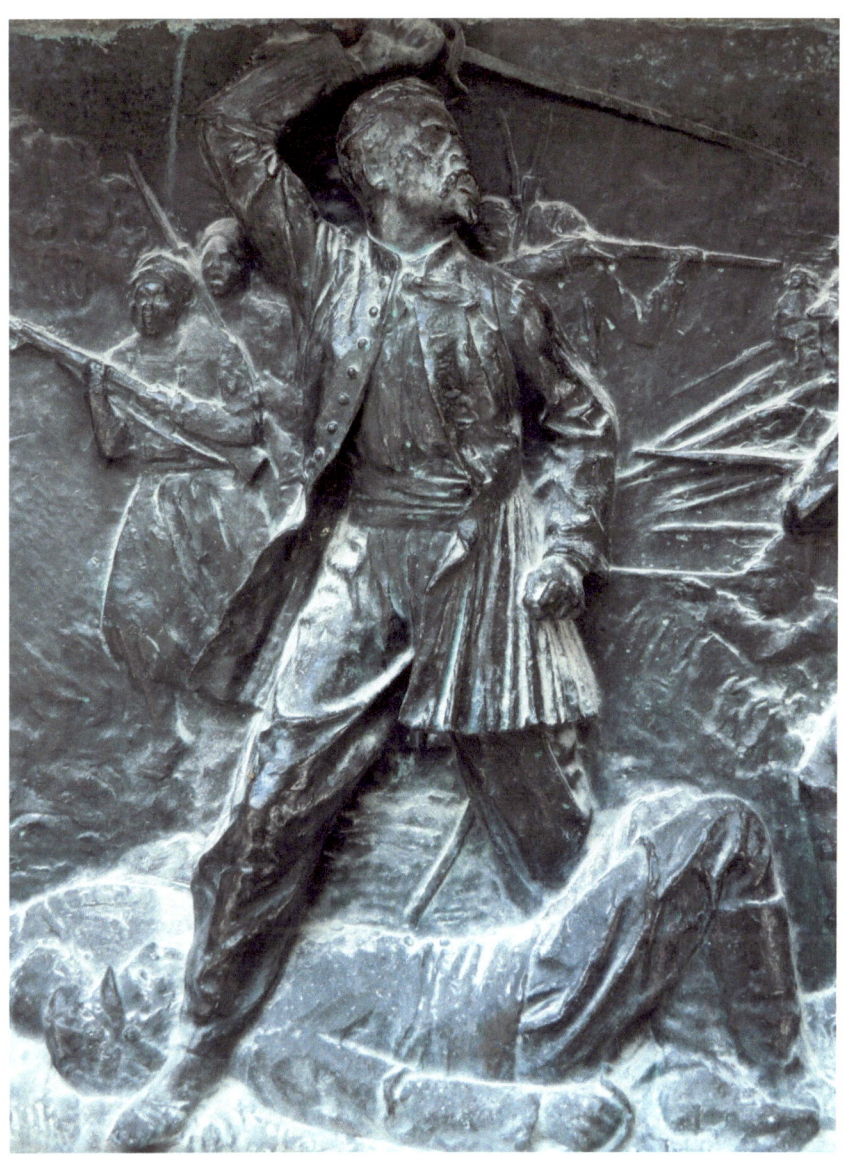

Le combat continue... autrement...

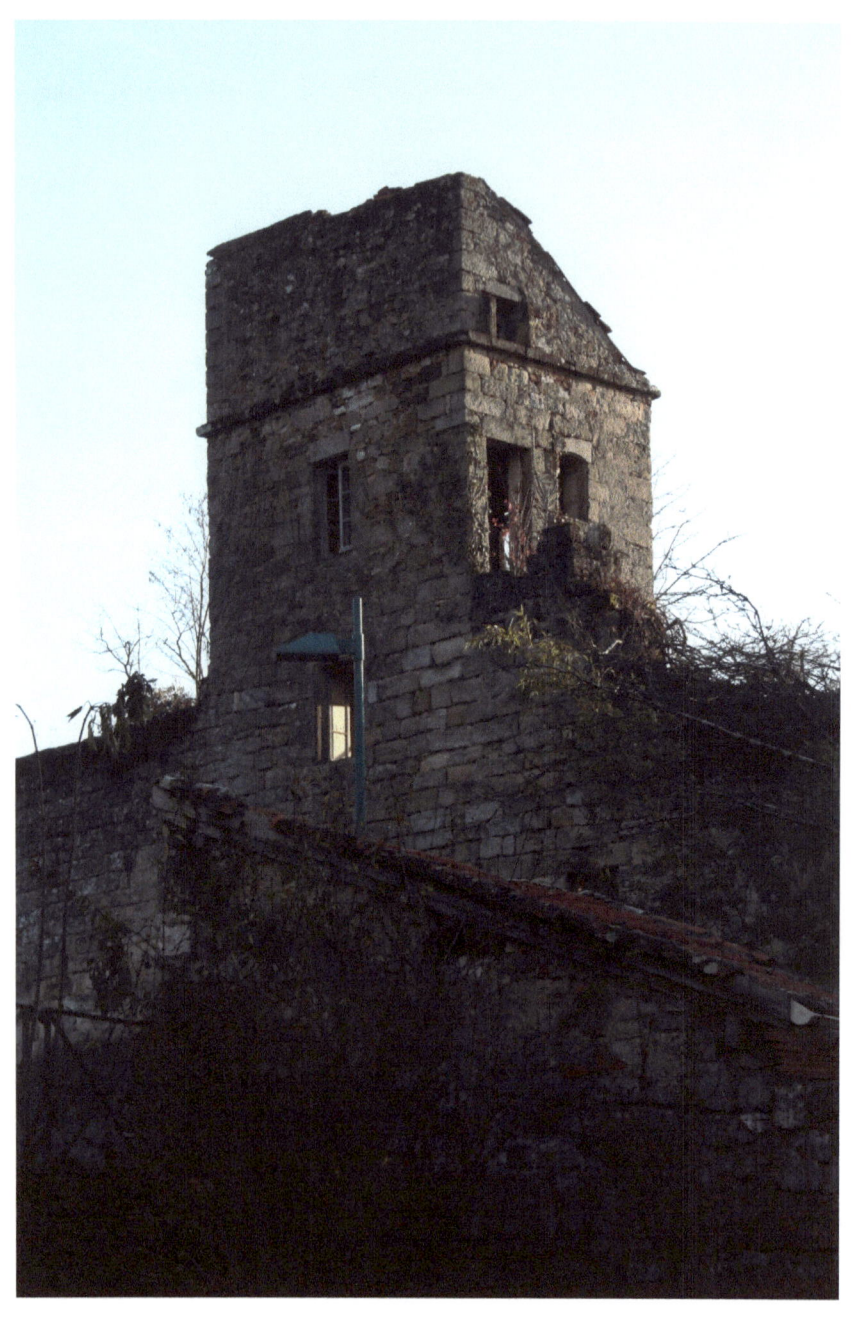

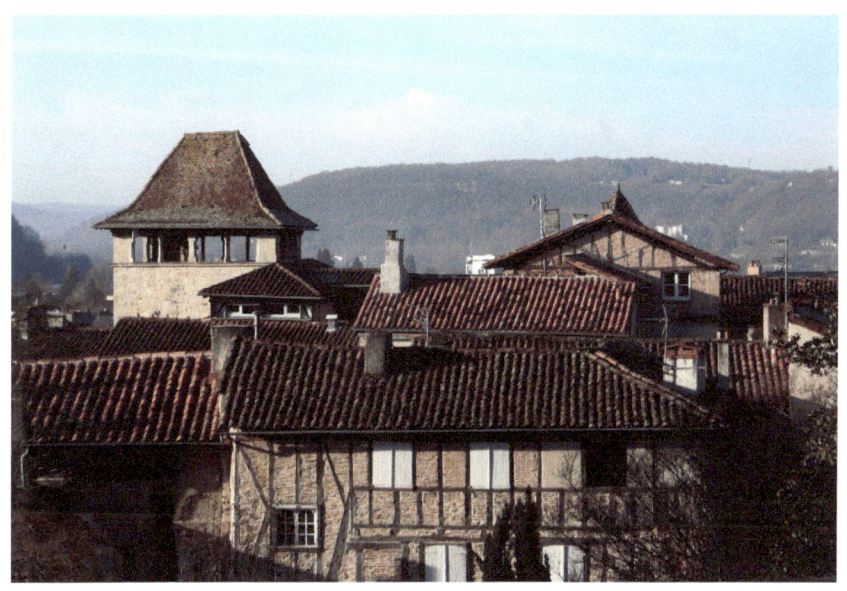

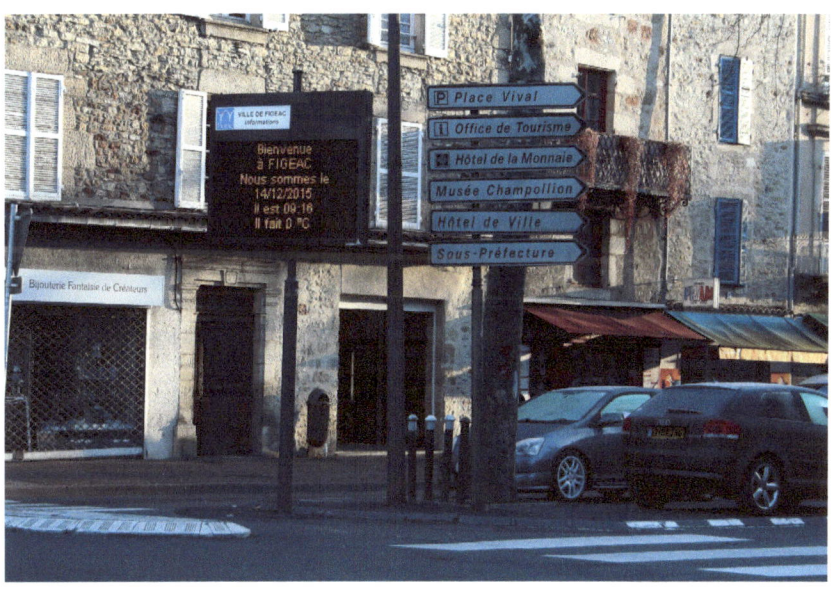

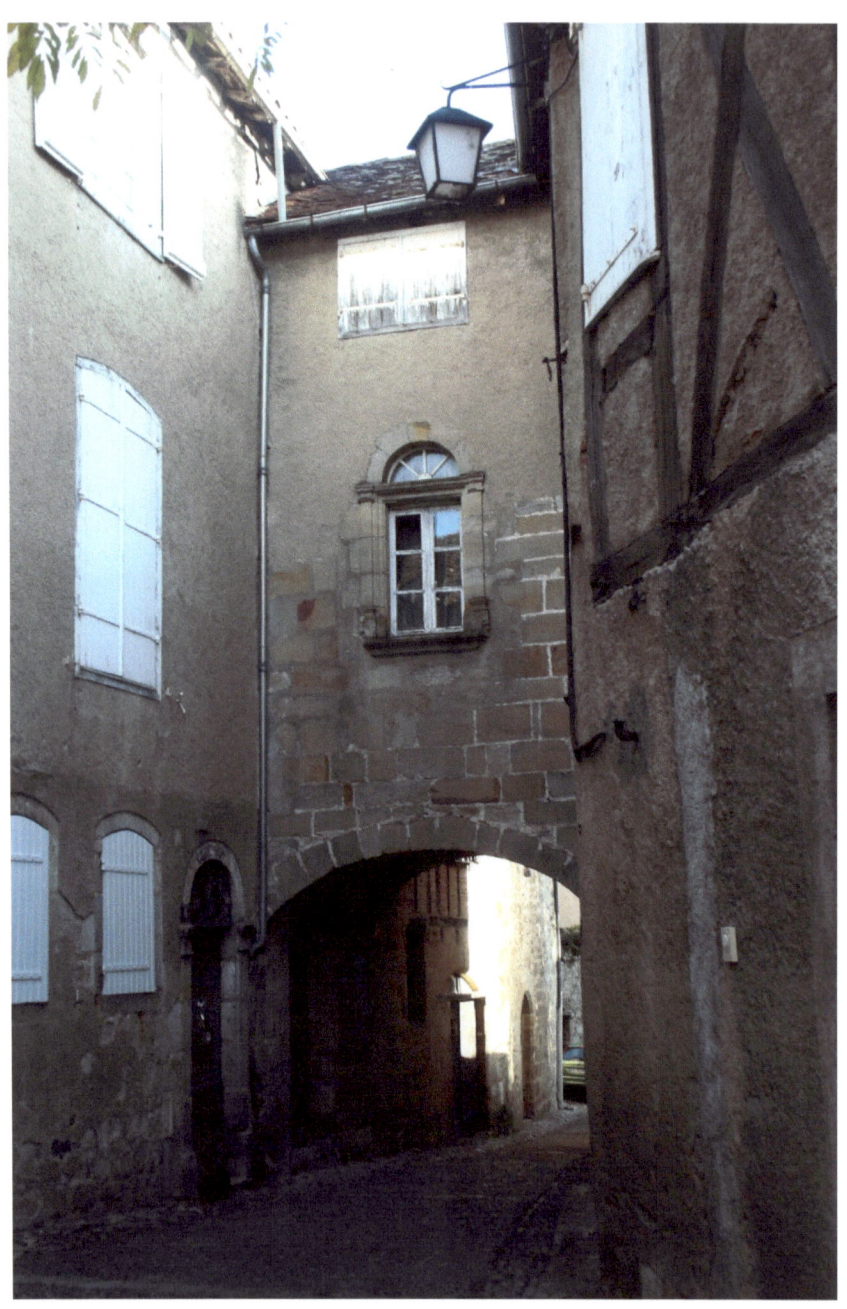

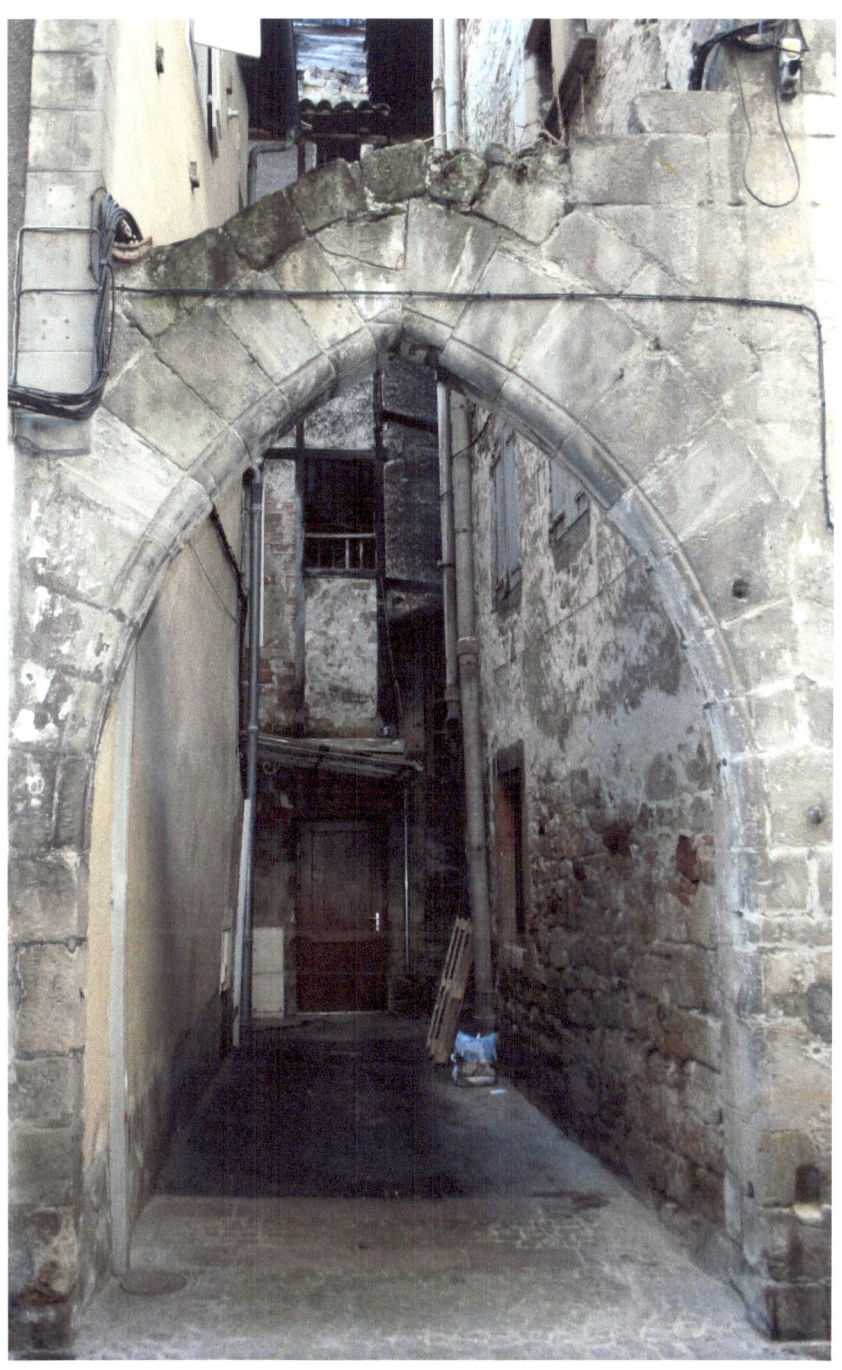

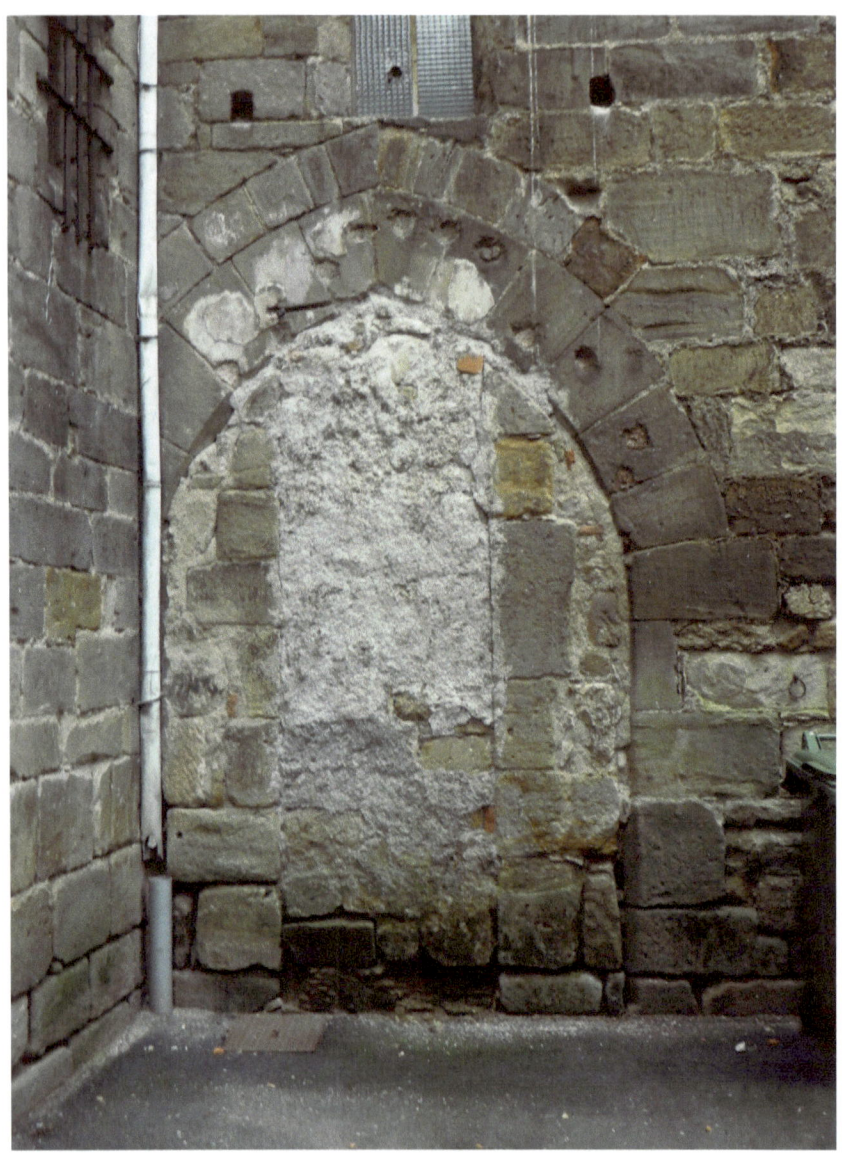

La France a trop de maisons vides
Tandis qu'des gens vivent dans les rues...

*Propriété, ton DROIT est le plus sacré
Mais aux Hommes sans toit les clés...*

Justice j'écris ton nom, Album *Vivre Autrement*

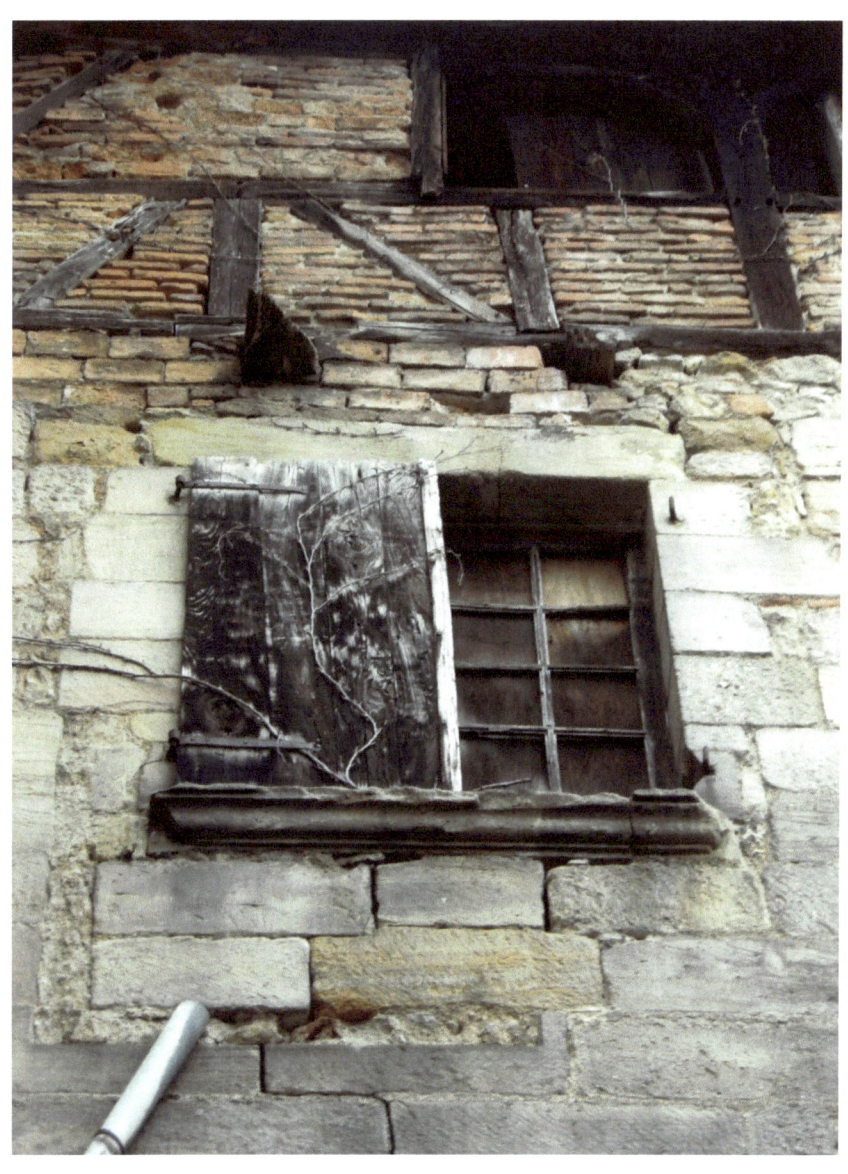

Mais jamais n'oublie
Que toujours on suspecte se méfie
De celui qui vit
En dehors des chemins établis

T'as choisi (de vivre dans le Quercy), Album *Vivre Autrement*

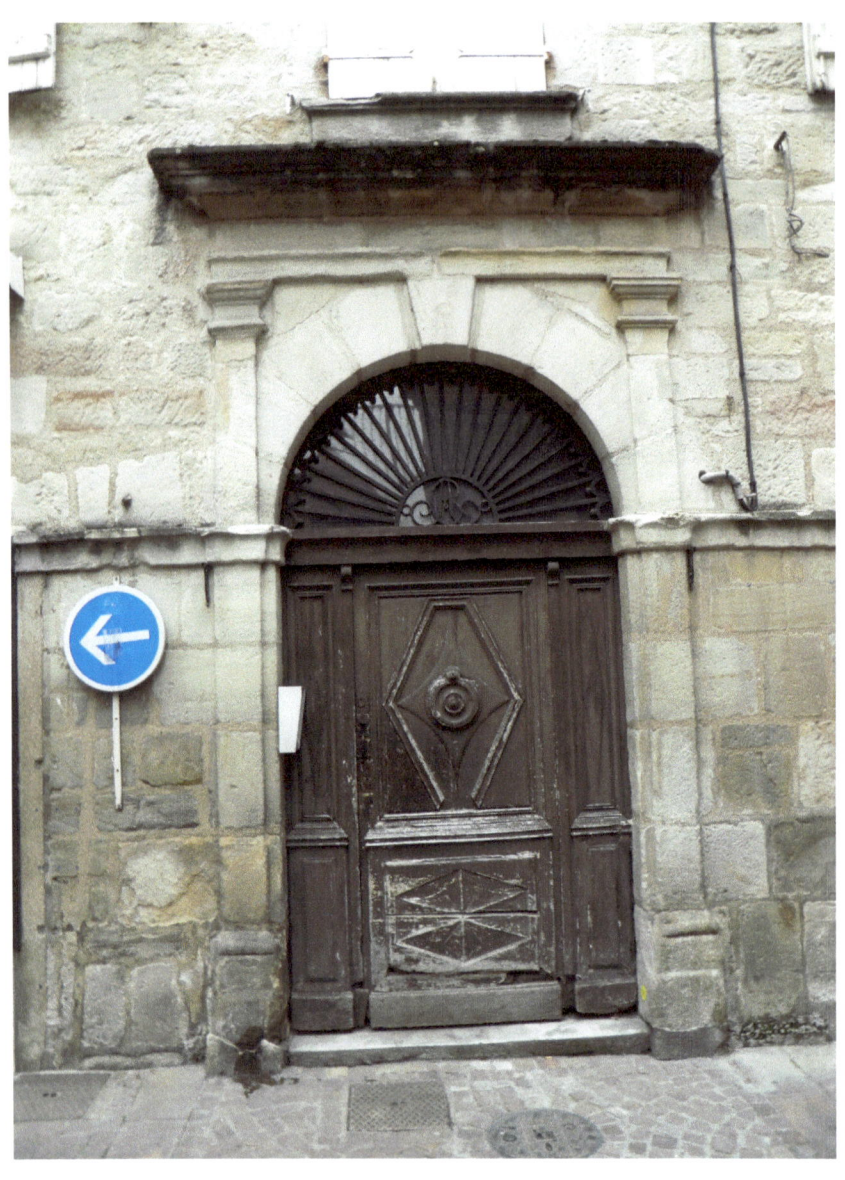

T'as choisi
De pas vivre comme tes parents
De pas vivre comme les enfants
Avec qui, tu as grandi

T'as choisi (de vivre dans le Quercy), **Album** *Vivre Autrement*

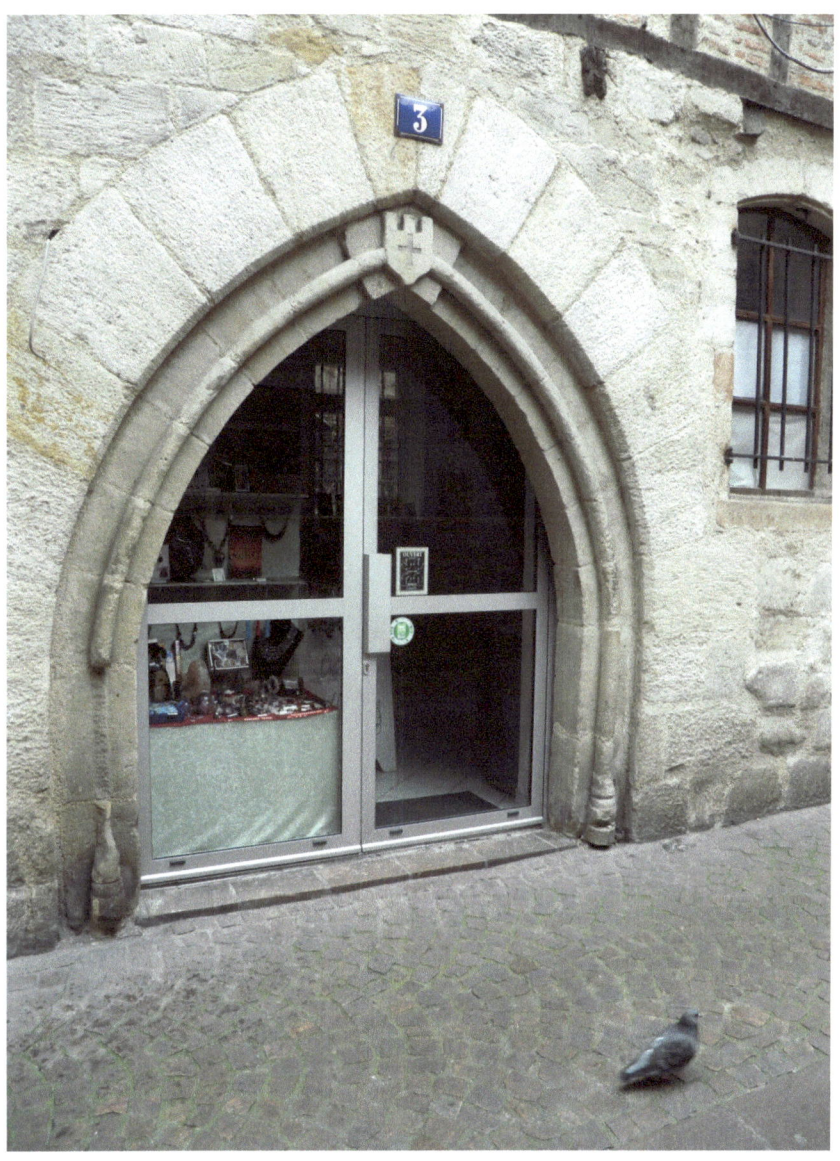

Christophe : - À part des poules, t'as quoi comme bêtes ?
Stéphane : - Deux dindes, un dindon, deux oies, trois canards, des pigeons, des cailles.
Christophe : - Tes bouquins, internet et tes bêtes, tu t'en sors alors ?

Aventures d'écrivains régionaux

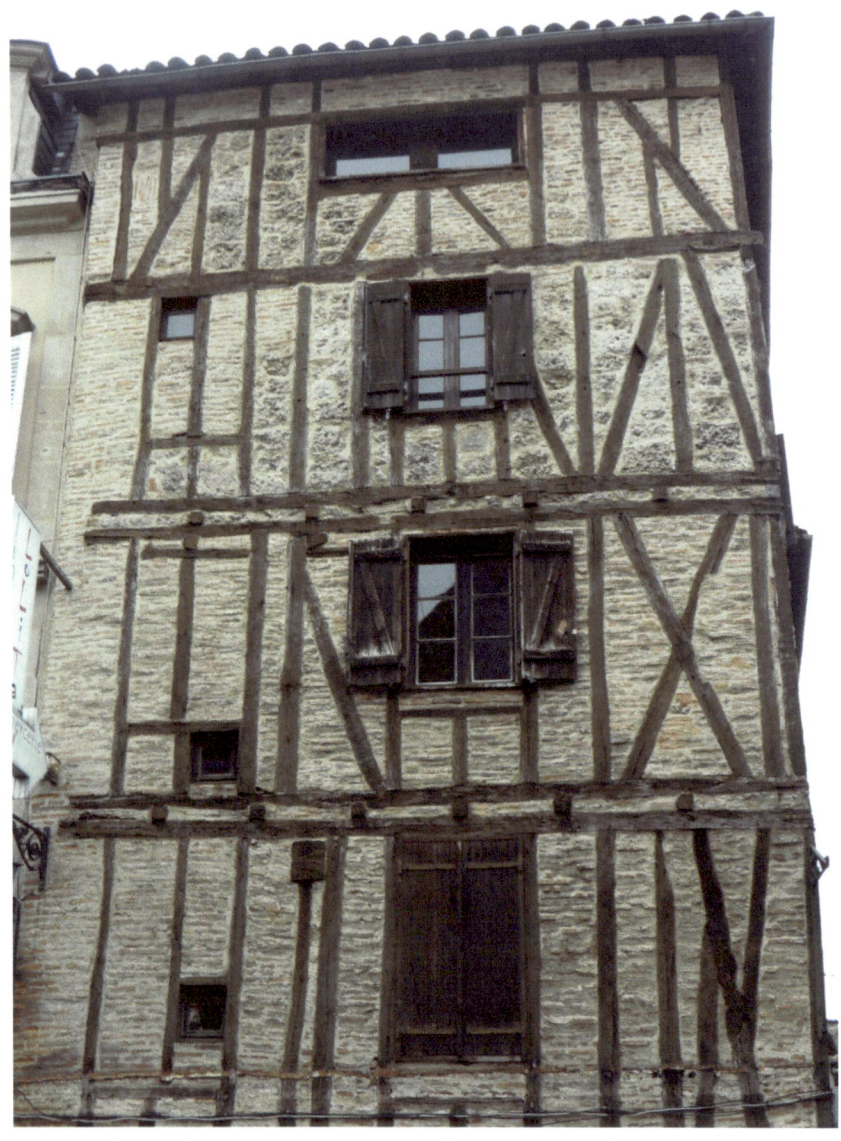

Christophe : - Comme Paul n'est pas là, on peut parler d'auto-édition… Tu crois que l'auto-édition, dans le livre jeunesse, ça pourrait fonctionner ?
Stéphane : - Tes livres sont bien distribués… Mais le plus souvent ton nom ne figure même pas sur la couverture… Donc tu ne peux pas compter sur ta notoriété.

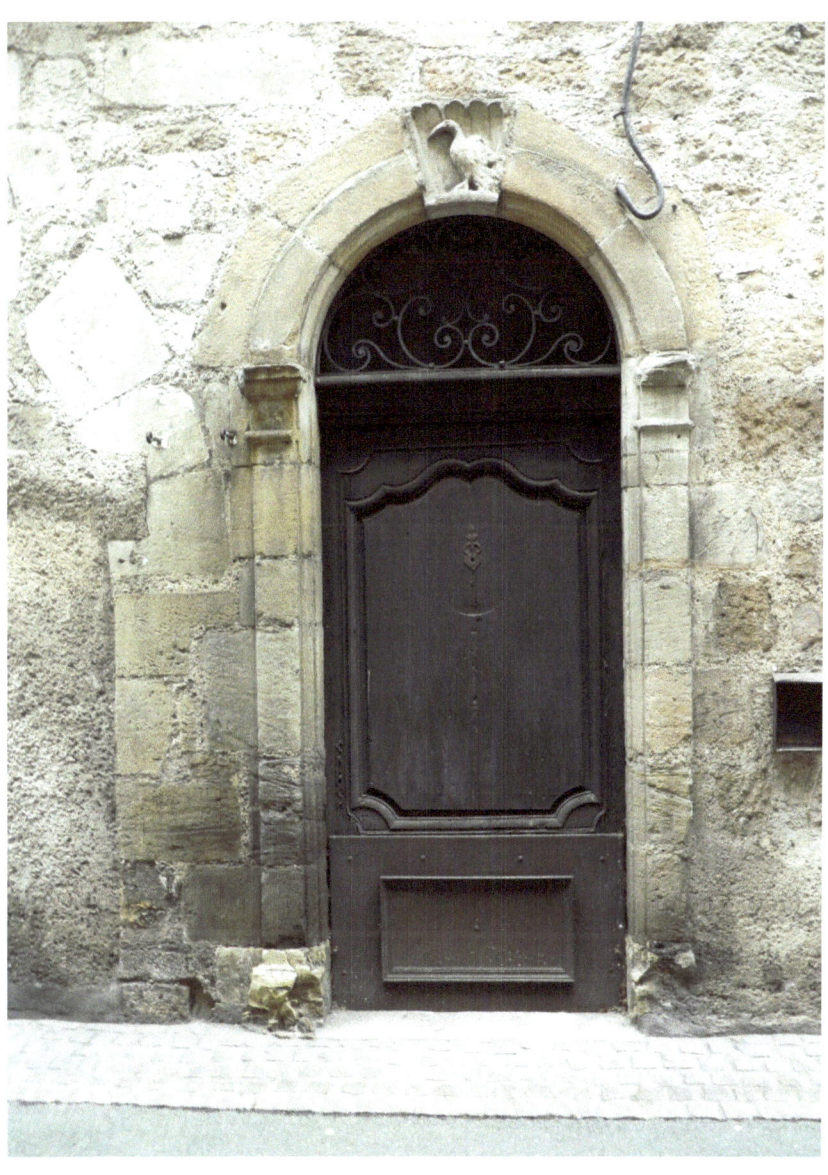

Comparer les portes, les symboles, l'architecture de Cahors et Figeac constitue un de mes projets... Un sur cinq cents. Environ. Je n'écrirai jamais l'ensemble des livres imaginés... Les titres, les idées, s'amoncellent...

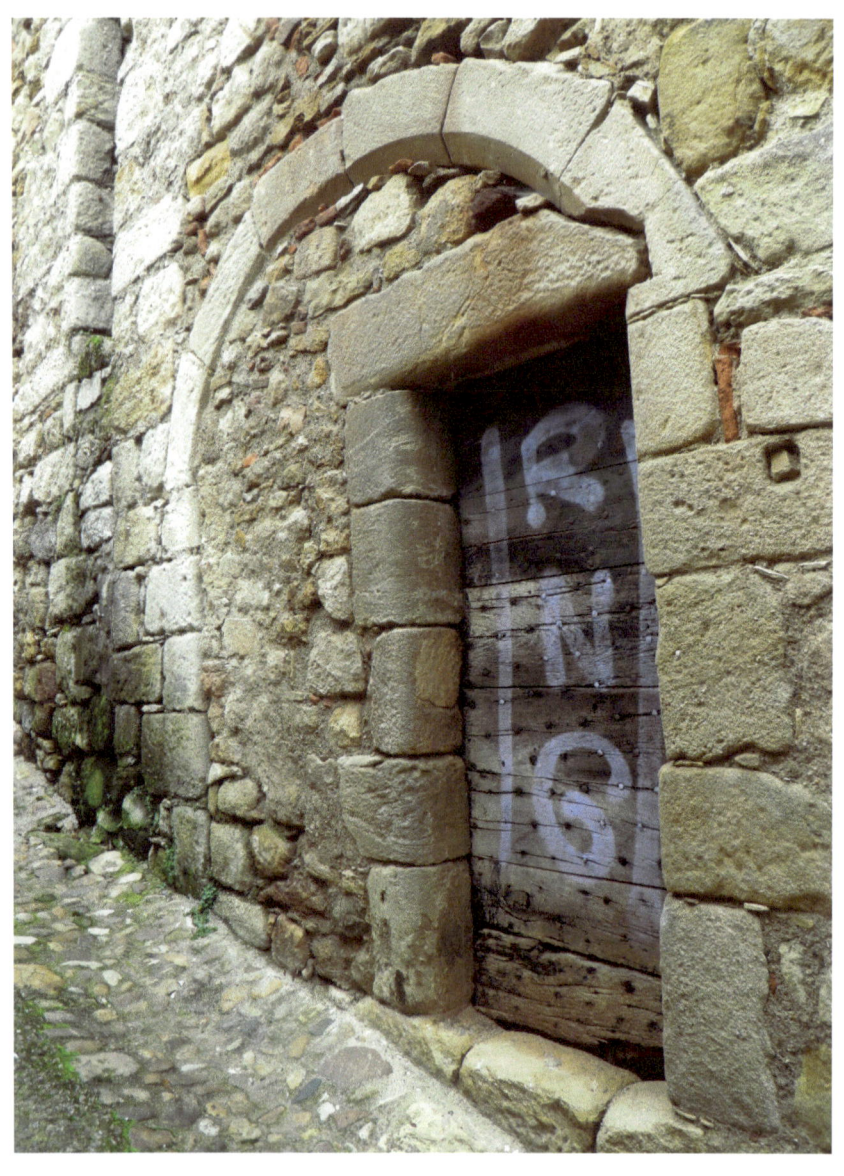

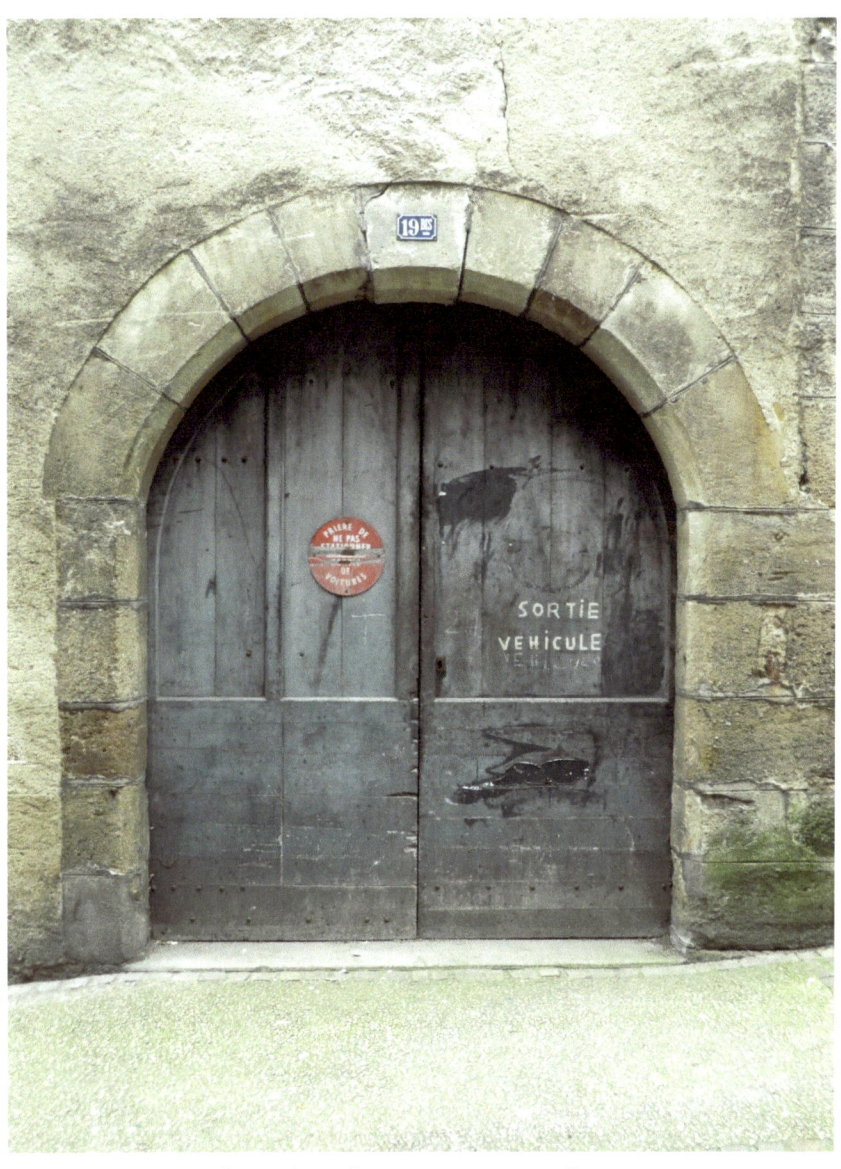

Nestor : - Une mafia, tu l'as dit. Un pour cent à l'auteur, un pour cent à l'illustrateur, ils doivent considérer que donner deux pour cent c'est encore trop. J'ai compris à mon premier livre, vous savez que j'avais un éditeur. Ils m'ont fait une pub dingue c'est vrai mais au moment de payer, y'a fallu que je fasse intervenir un bon copain pour que l'éditeur mette l'argent sur la table.

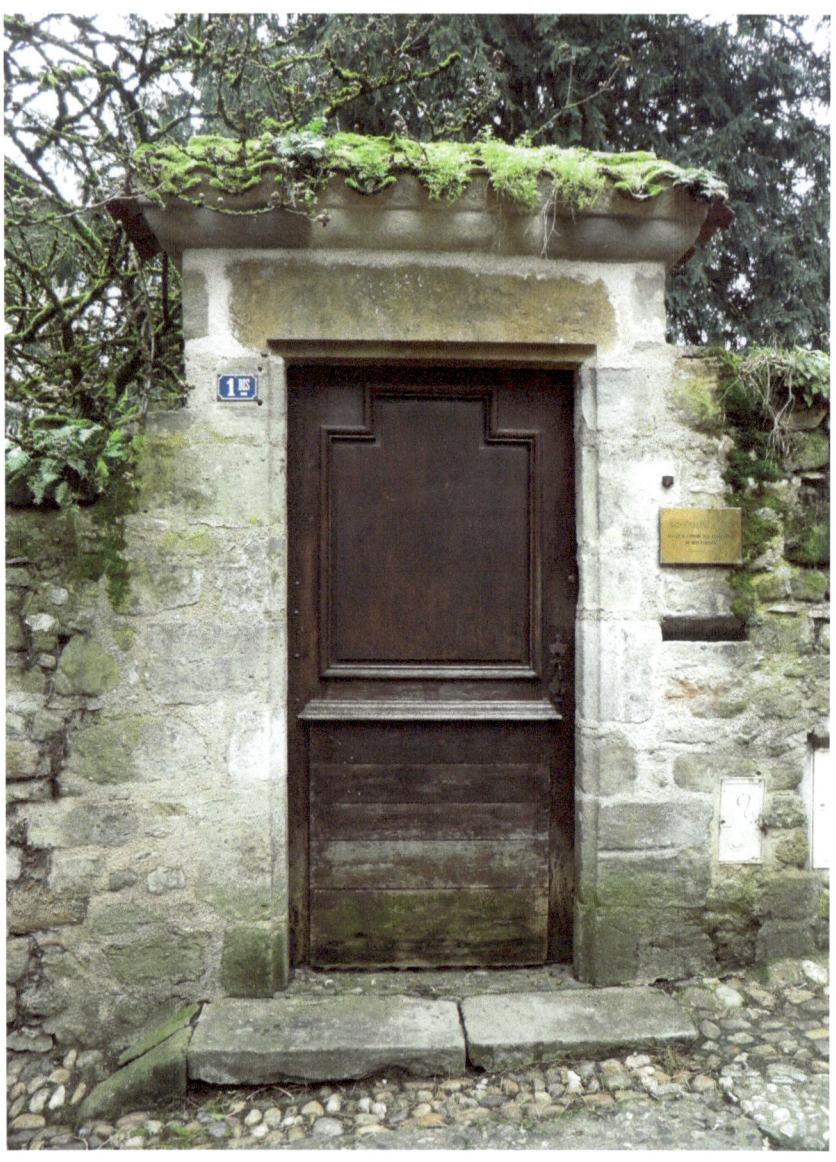

Christophe : - Le plus honteux, c'est que ses livres se vendent.
Martine : - Les gens achètent n'importe quoi. Il suffit d'un sourire de Nestor et sa petite phrase sirupeuse « *ça vous replongera dans un monde qui n'existe plus* », et les vieilles cruches achètent.
Christophe : - Les jeunes aussi avec son « *vous l'offrirez à vos parents* » ou « *vous verrez comment ont vécu vos grands-parents.* »

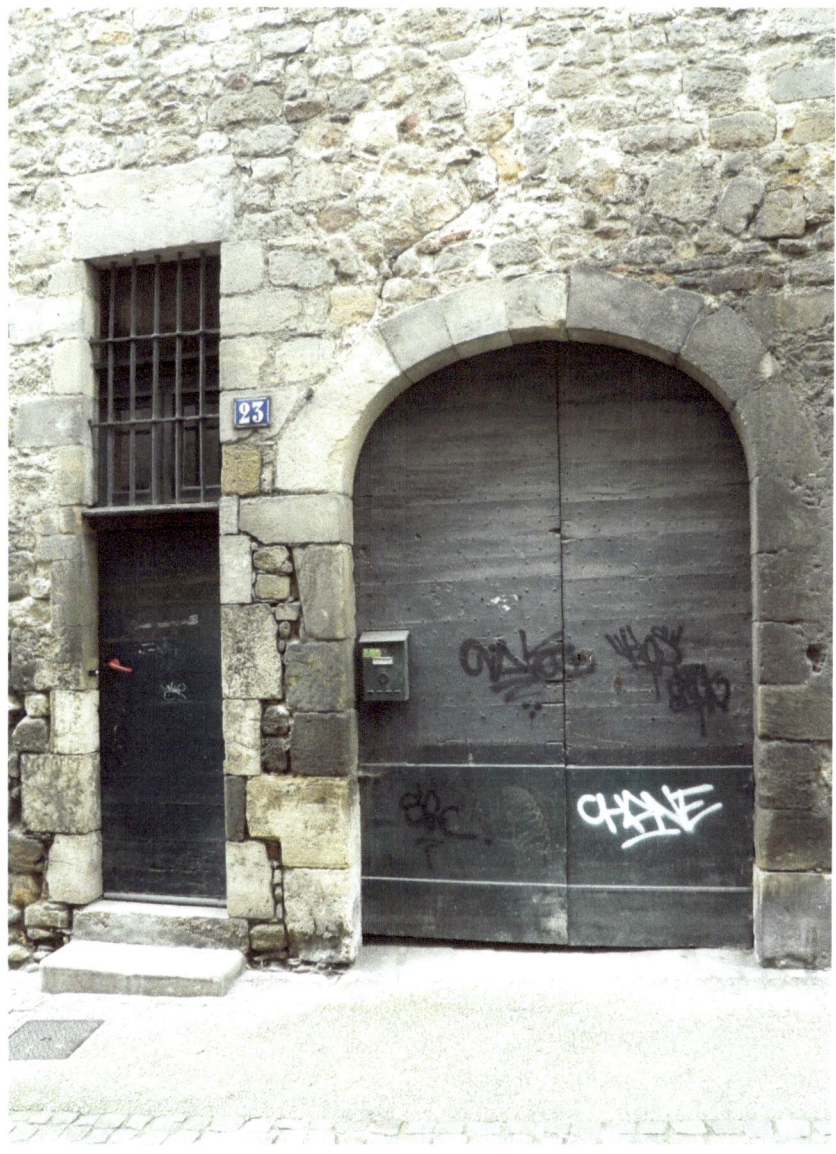

Stéphane : - Ça ne veut pas dire que ses livres sont lus.
Martine : - Mais au moins le fric rentre ! Moi il me faut deux ans pour rentrer dans mon argent. J'ai au moins dix livres en attente.
Paul : - Moi ça me donne un moral d'enfer, de le voir en si bonne forme ! Je ne parle pas de son écriture mais de son entrain. Je me dis que j'ai encore devant moi quelques bonnes décennies.

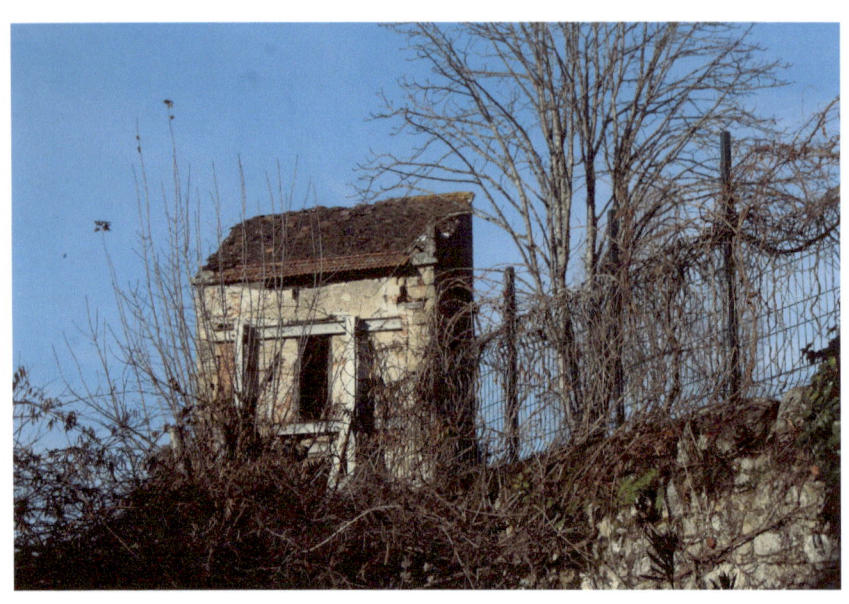

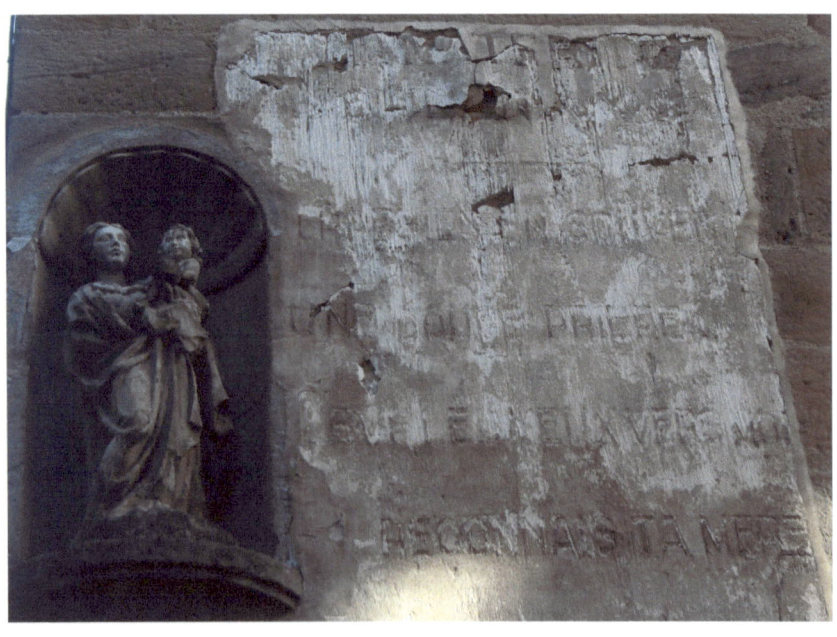

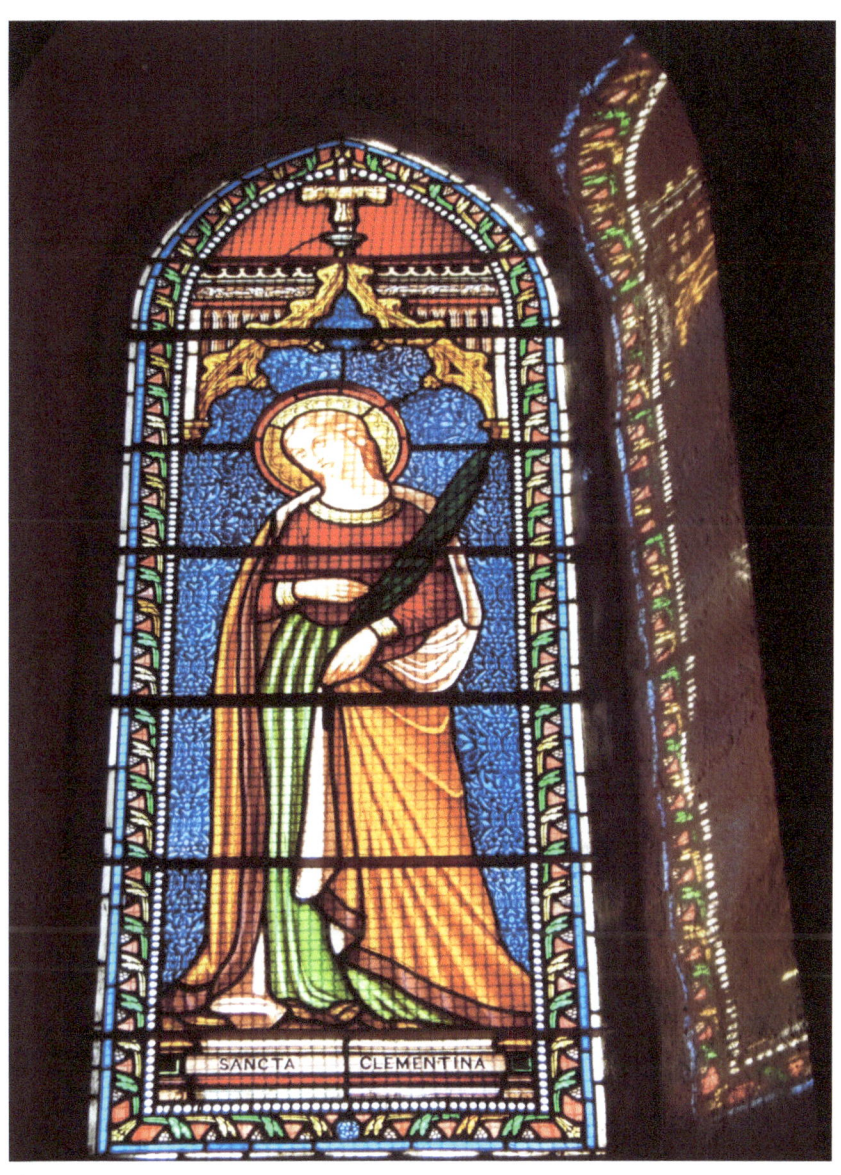

Qui a réalisé ce vitrail de Sainte Clémentine, église notre Dame du Puy ?... Il existe un livre de l'abbé Bouange : « *Sainte Clémentine, vierge-martyre romaine, protectrice du monastère de Sainte-Claire de Lavaur (diocèse d'Albi).* » Le corps de Clémentine reposerait dans l'église de ce monastère, bien qu'elle soit morte au troisième siècle.

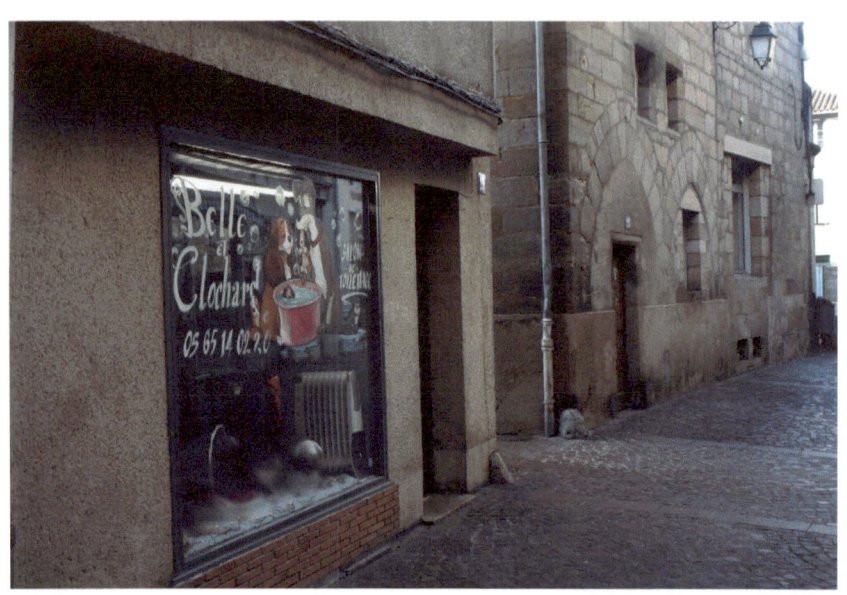

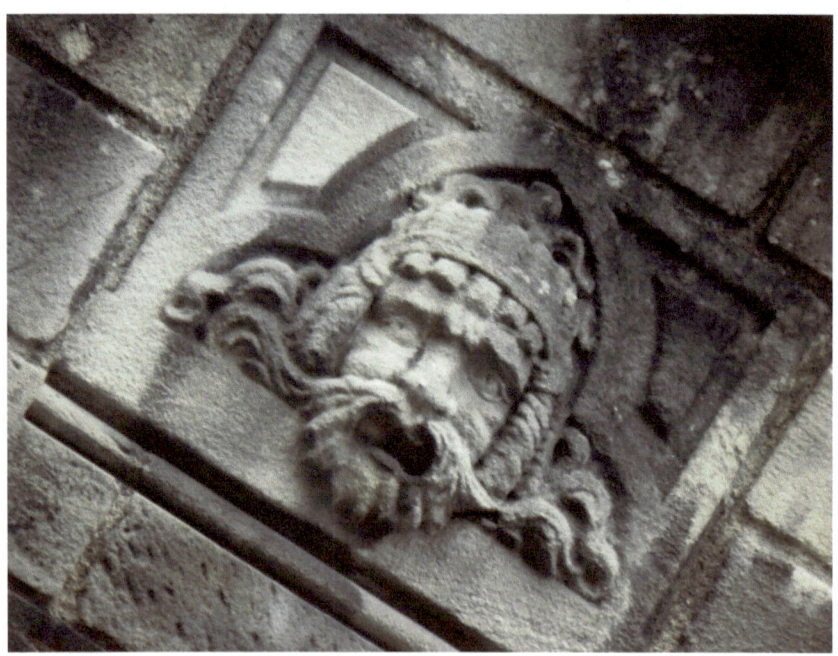

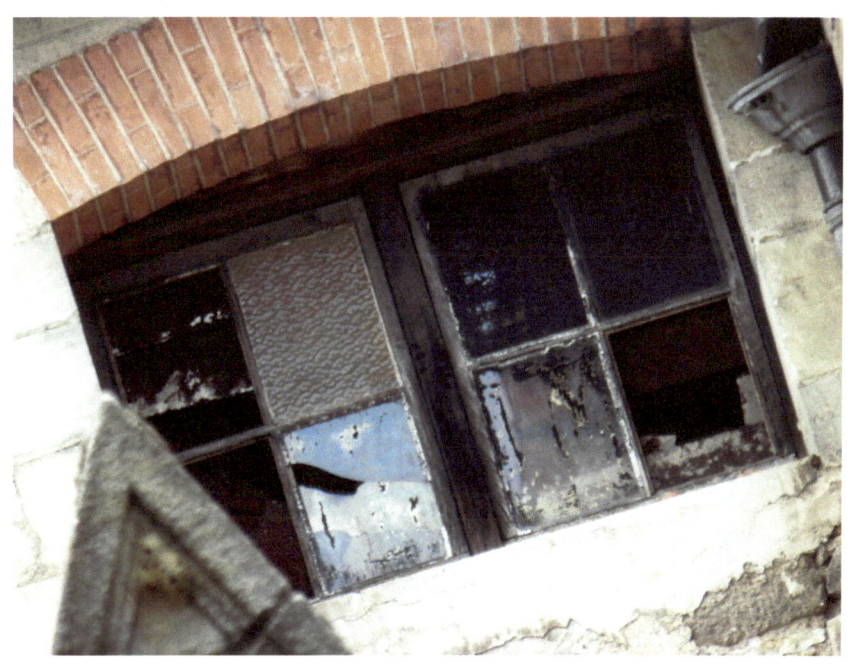

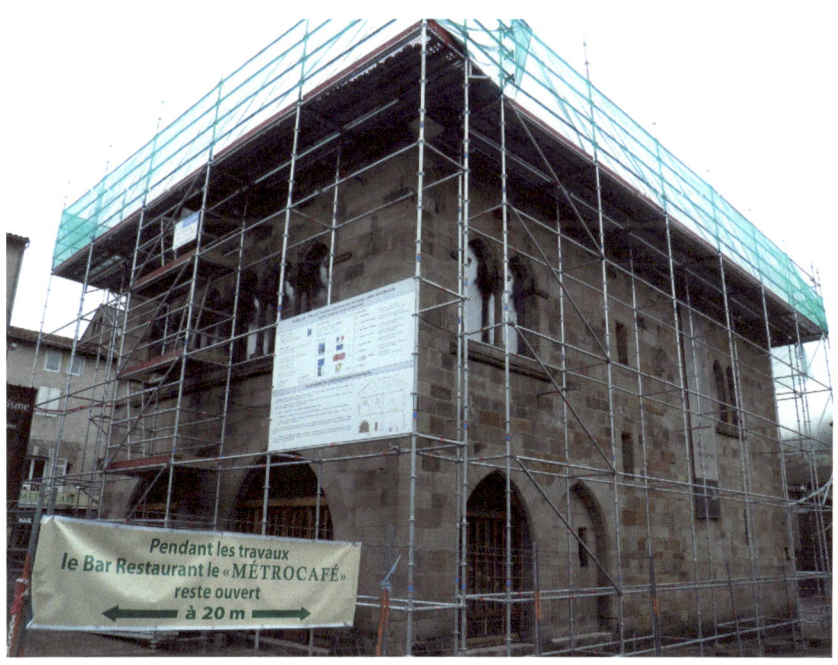

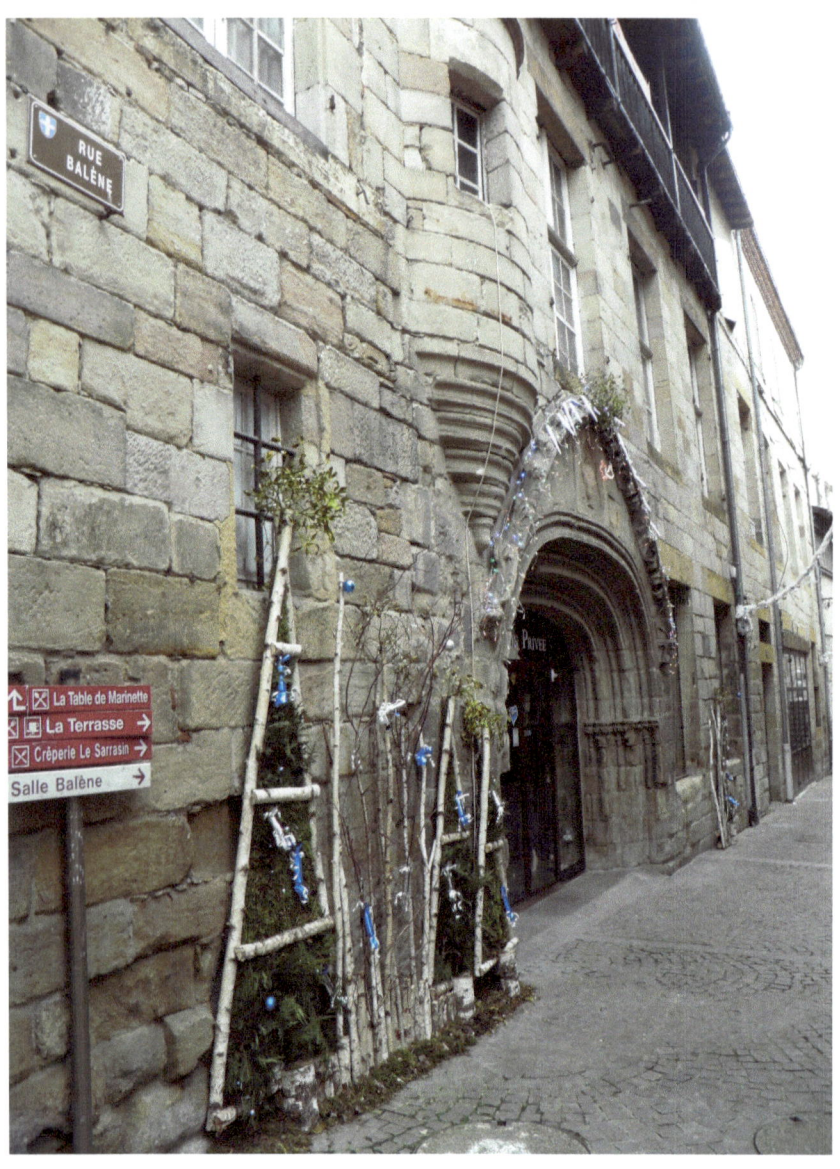

Martine : - C'est un formidable métier, écrivain : à soixante ans on regarde l'académie française et on se persuade qu'on a tout l'avenir devant soi !

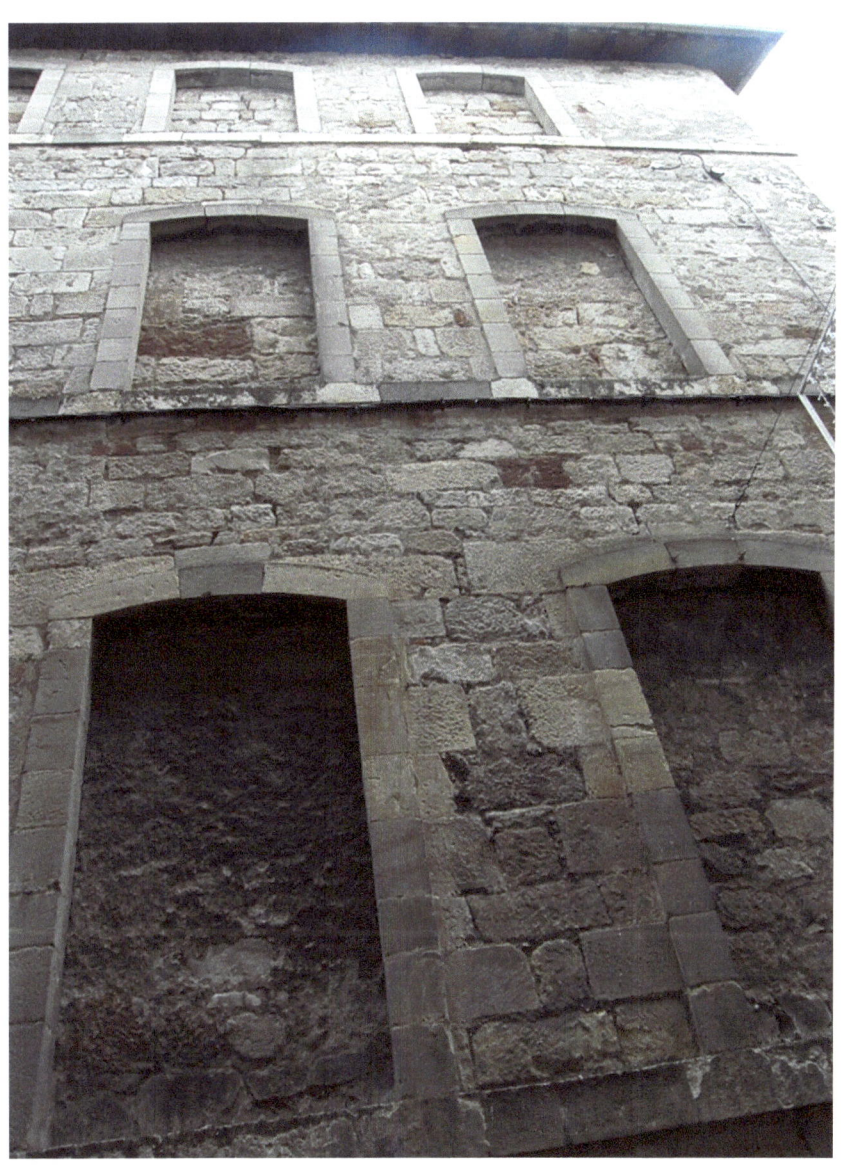

Hé monsieur Utopie faut bien bouffer
On a besoin des miettes qu'ils nous jettent
On voudrait bien créer en toute liberté
Mais les marchands tiennent le marché
Les lois du marché de la création, Album *Vivre Autrement*

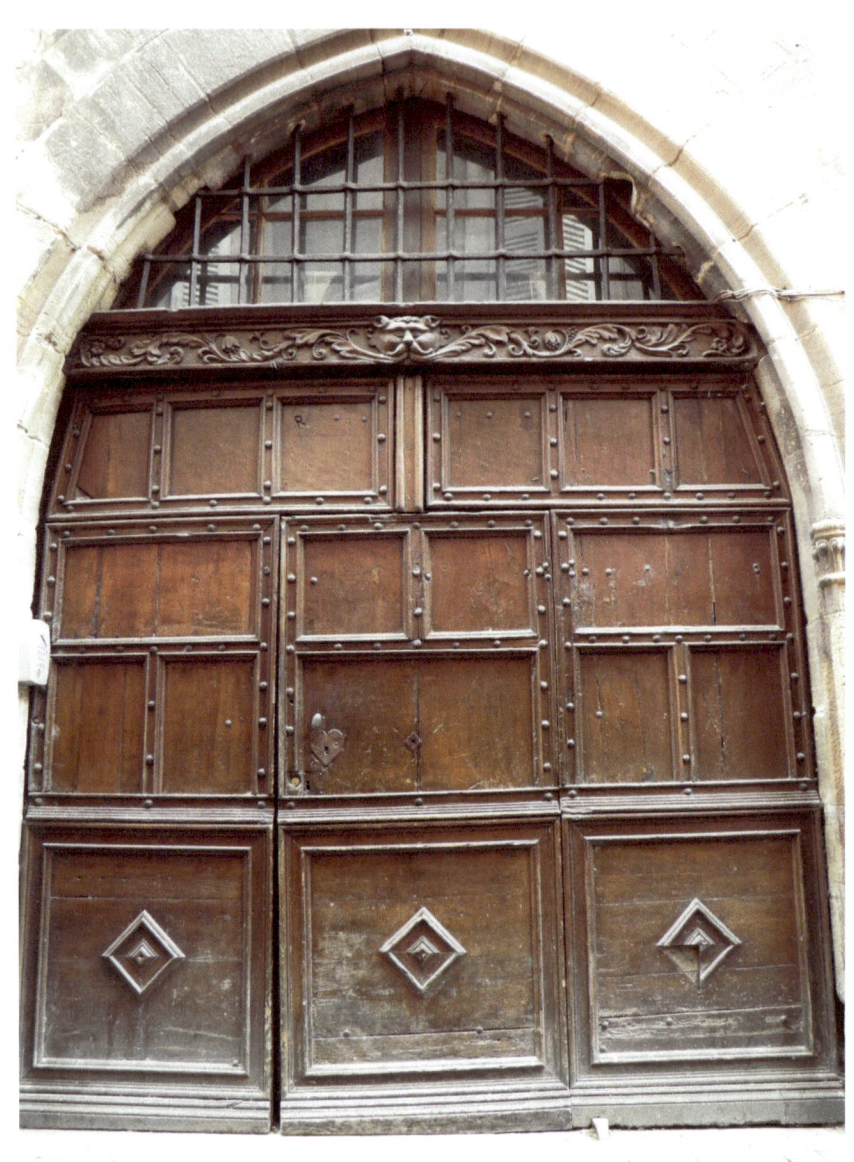

Quand tu crées
Tu crées pas pour eux
Et pourtant tu sais
Qu'entre toi et le public
Y'aura les nuisances du fric
Et leur puissance de feu
Les lois du marché de la création, **Album** *Vivre Autrement*

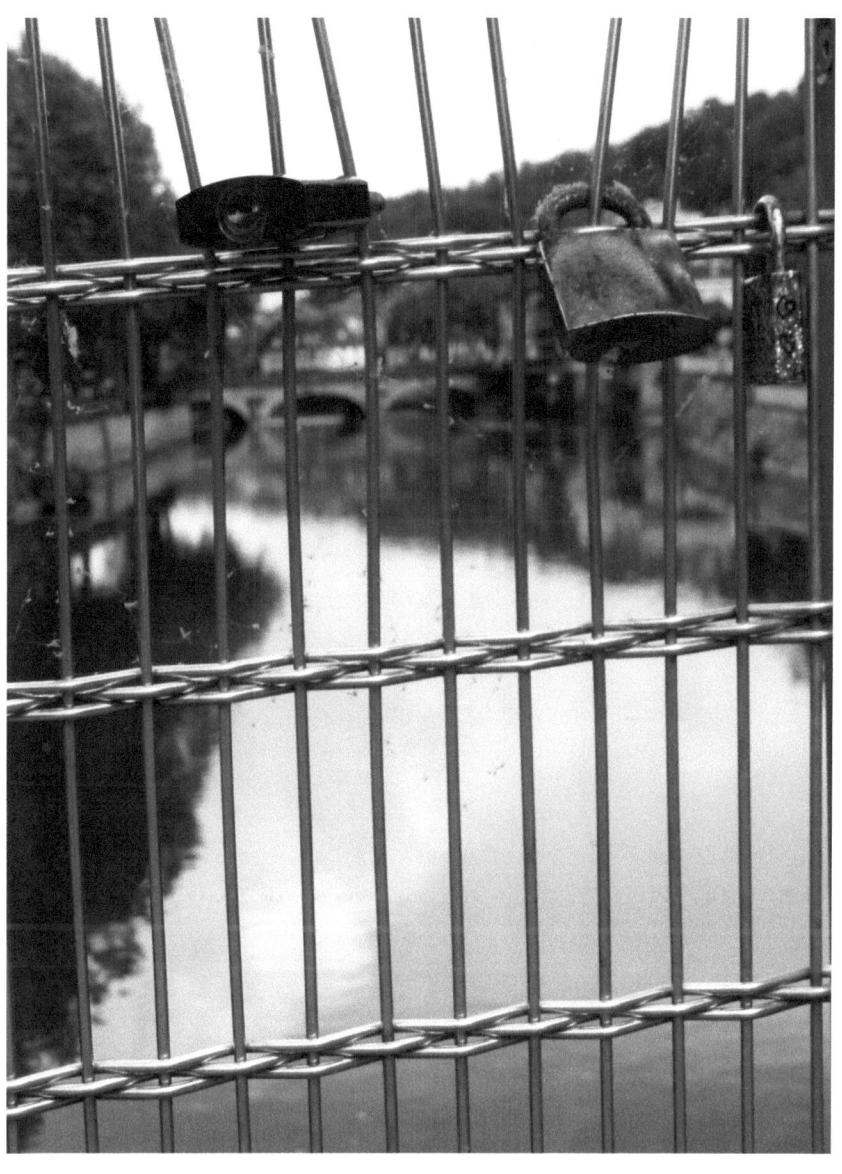

J'ai vu trois cadenas sur un pont de Figeac ! Qui reconnaîtra le sien ?

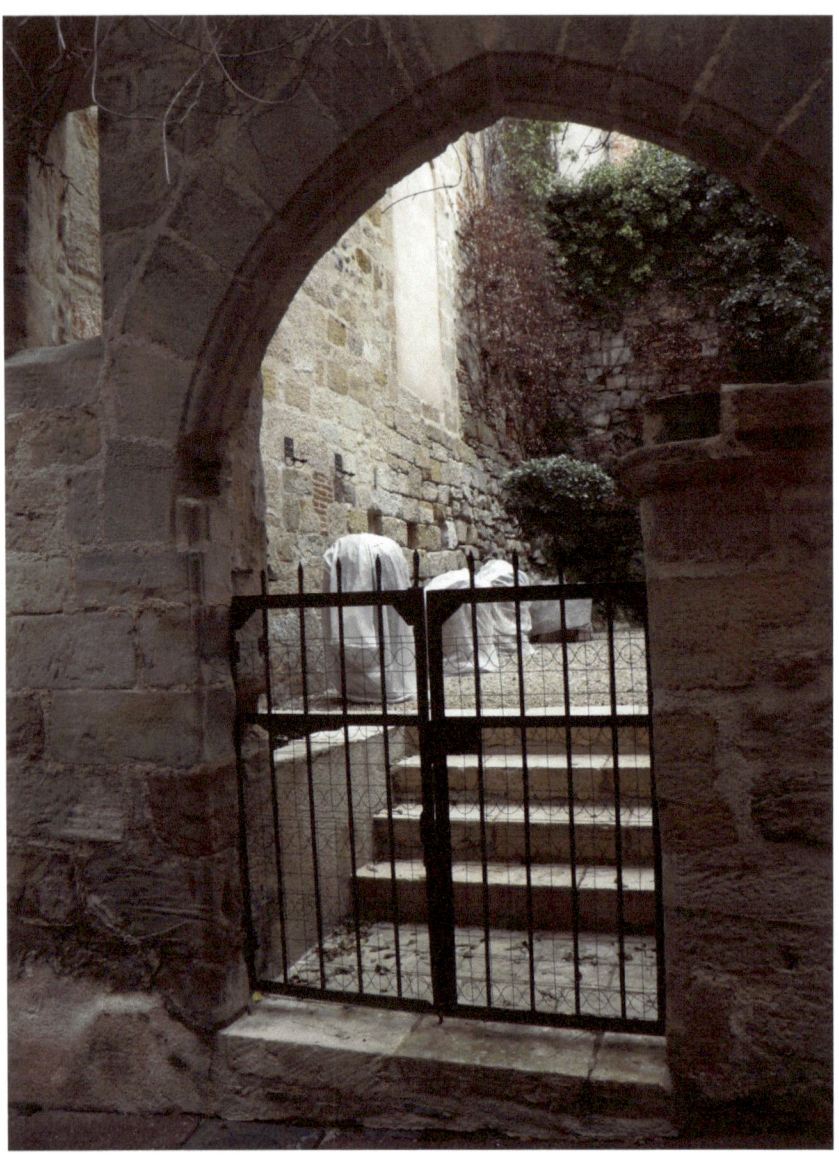

Paul : - Mais tu sais bien que la majorité de ceux qui s'auto-éditent c'est parce qu'ils n'ont pas trouvé d'éditeur comme tu dis classique.
Stéphane : - Ce n'est pas parce qu'une activité est utilisée faute de mieux par des écrivaillons, qu'il faut en conclure que l'activité est méprisable. L'auto-édition est l'avenir de l'édition.

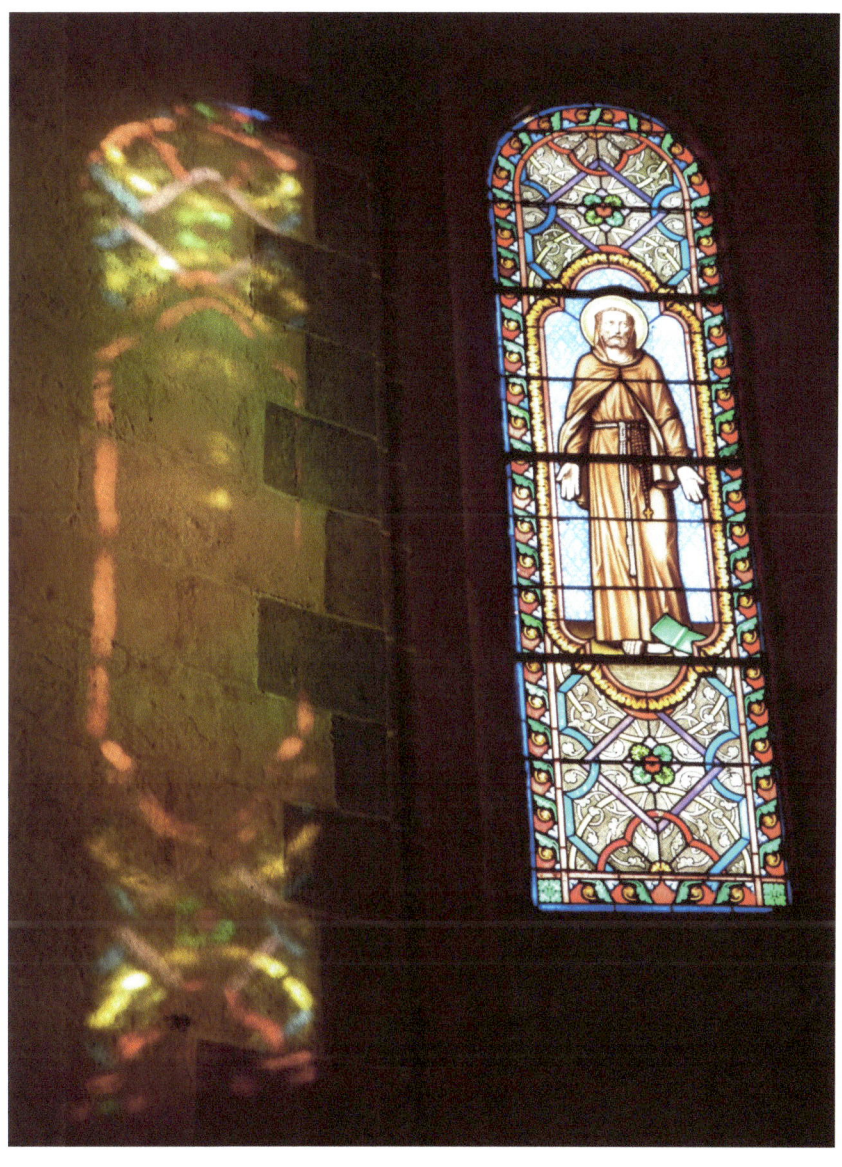

L'atelier de Périé Frères du Puy a réalisé en 1886 trois des vitraux de l'église Notre Dame du Puy...

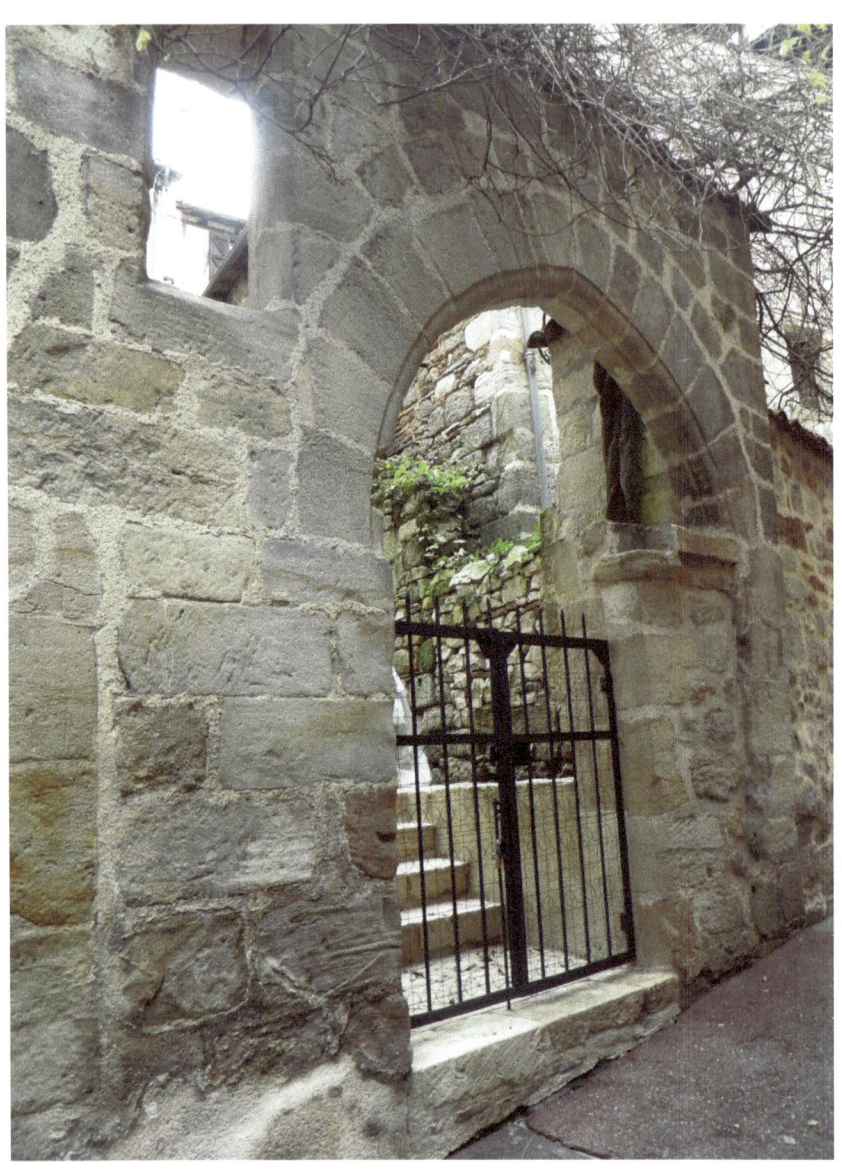

Ta petite main dans la mienne
Et pourtant mine de rien
C'est bien la tienne
Qui nous soutient

Petite main, Album Savoirs

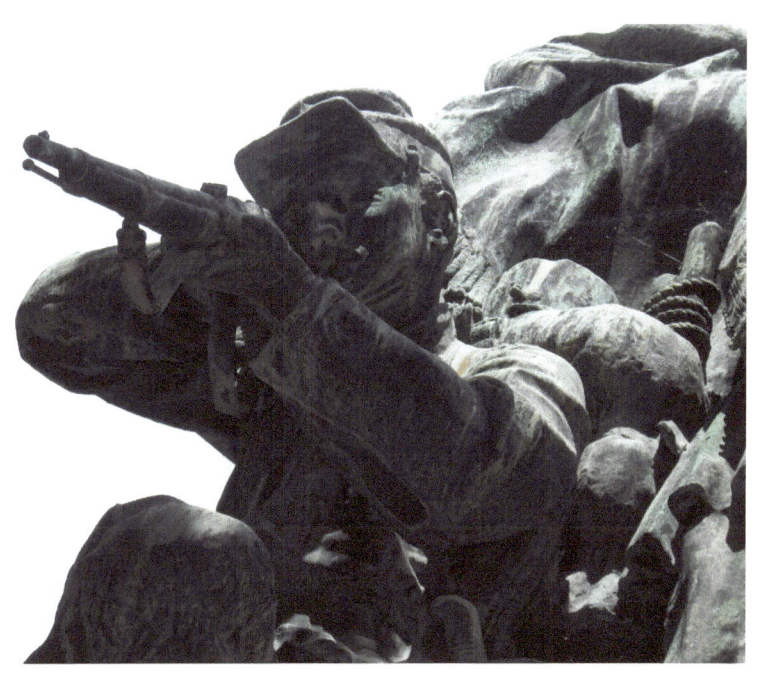

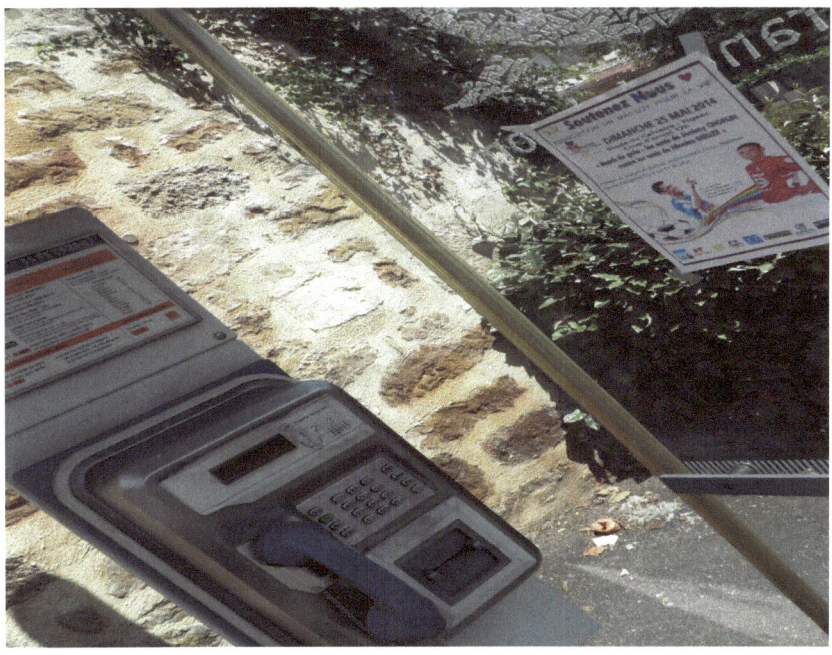

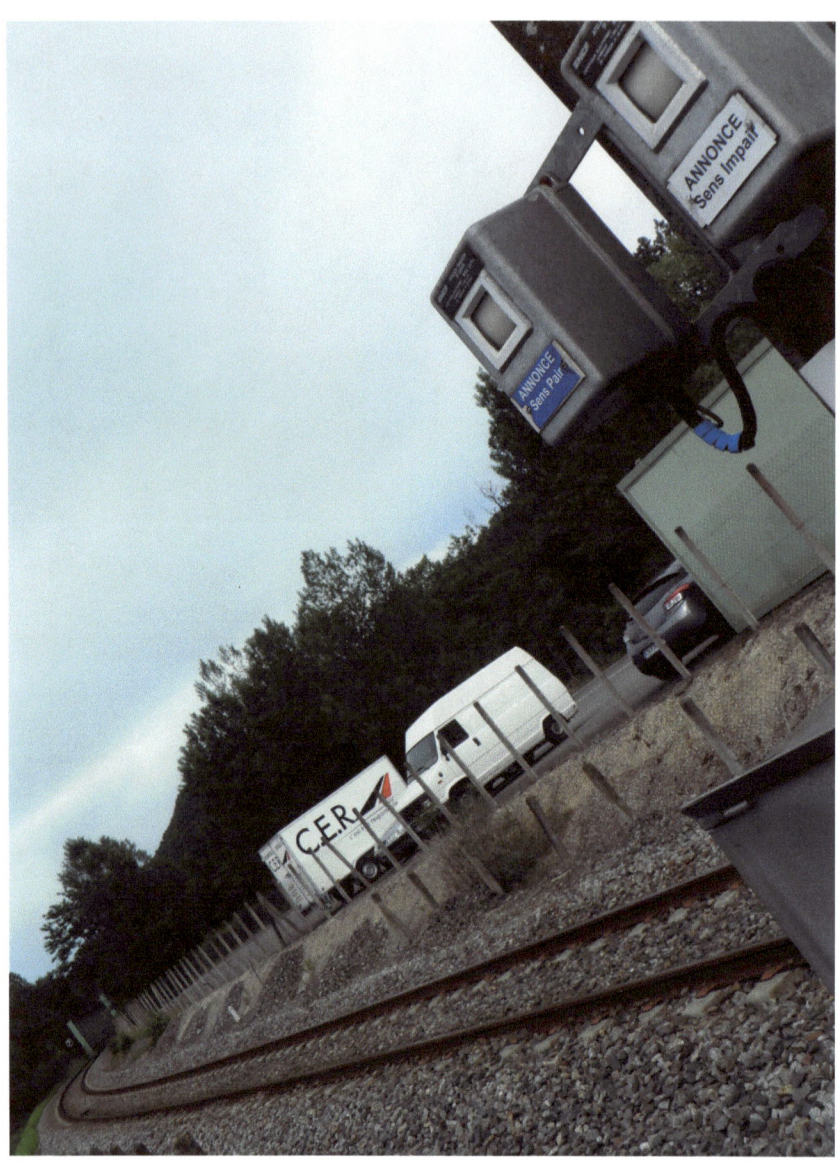

Pair ou impair ? Dans le livre en papier également, on se pose ce genre de question lors de la pagination. En sachant qu'il faut impérativement terminer par un numéro pair. Tandis qu'en numérique cette notion a volé en éclat...

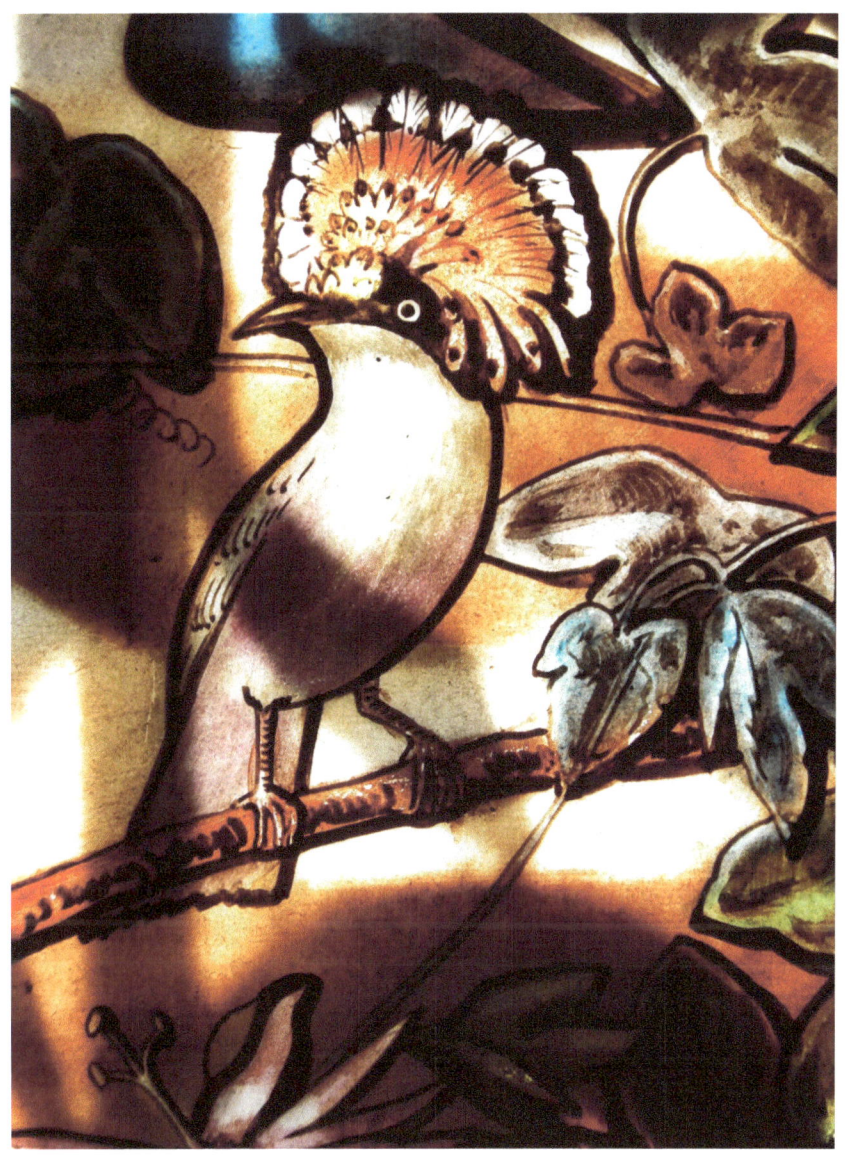

Paul : - Et tu crois en vivre un jour ?
Stéphane : - Le problème majeur de l'indépendance étant l'accès aux points de ventes à des conditions décentes, il est impératif, soit de trouver une solution pour vendre, soit de vivre indépendamment des ventes.
Christophe : - Plutôt jouer au loto !

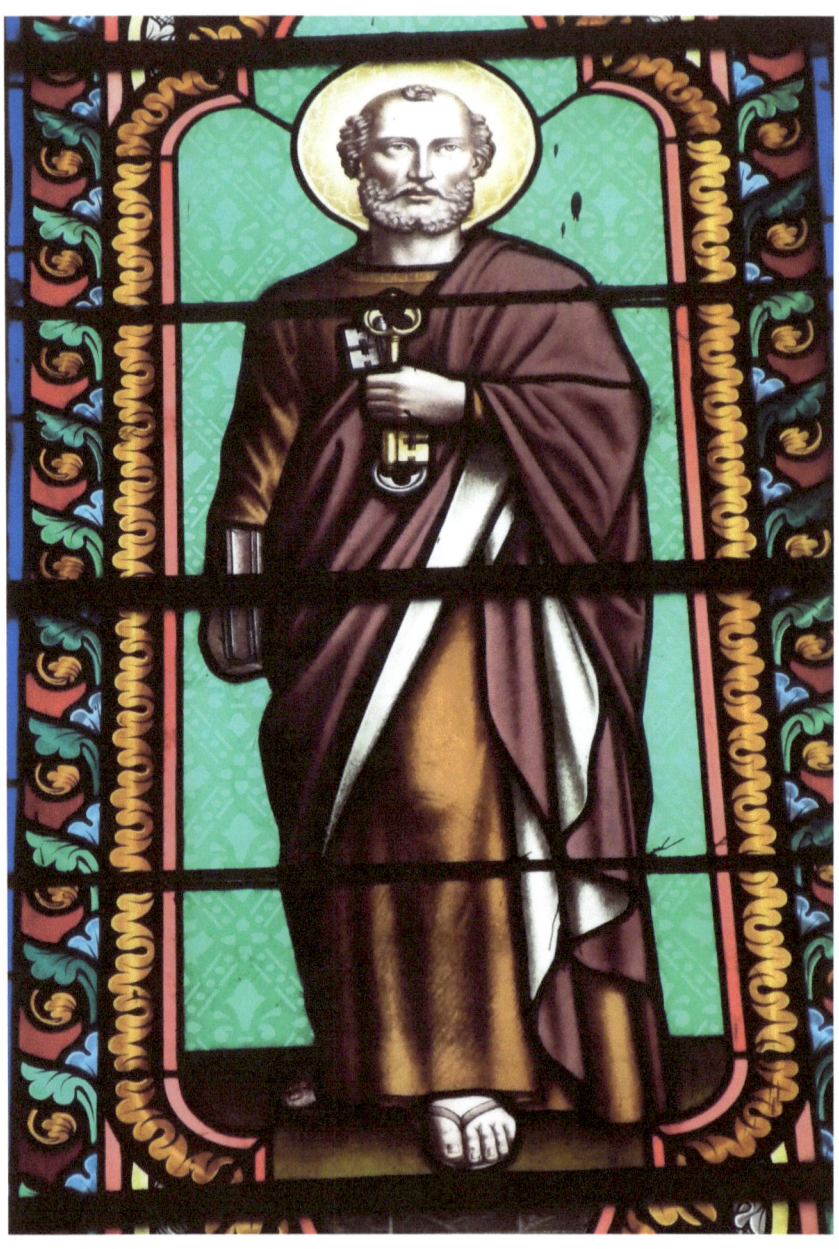

Apres tant de portes, il me fallait bien essayer de trouver la bonne clé, donc m'adresser à Saint Pierre... Représentation de l'atelier Périé Frères.

Stéphane Ternoise… un peu plus d'informations

Né en 1968. Lotois depuis 1996.

http://www.ecrivain.pro présente une "vue d'ensemble", avec un "blog" (je préfère l'expression "une partie des chroniques"). Mais il ne peut naturellement pas copier coller l'intégralité des textes présentés ailleurs.

http://www.romancier.net

http://www.dramaturge.net

http://www.essayiste.net

http://www.essayiste.net

http://www.lotois.fr

Les noms de ces sites me semblent explicites…
Le graphisme reste rudimentaire. Tant de choses à faire…

http://www.salondulivre.net : le prix littéraire a lancé sa quatorzième édition en janvier 2016. Une réussite d'indépendance. Mais peu visible…

En février 2016, le catalogue de Stéphane Ternoise dépasse la barre naguère inimaginable de la centaine. Il est constitué de romans, pièces de théâtre, essais, recueils de chansons mais également de photos, qu'elles soient d'art (notion vague) ou documentaires (présentation de lieux, Cahors, Cajarc, Montcuq, Beauregard, Golfech…), publications pour lesquelles l'investissement en papier était encore récemment impossible, avant de pouvoir recourir à l'impression à la demande...

Mentions légales

Tous droits de traduction, de reproduction, d'utilisation, d'interprétation et d'adaptation réservés pour tous pays, pour toutes planètes, pour tous univers.

Site officiel : http://www.ecrivain.pro

Figeac selon Ternoise de Stéphane Ternoise

Dépôt légal à la publication au format ebook du 9 mars 2016.

Imprimé par CreateSpace, An Amazon.com Company pour le compte de l'auteur-éditeur indépendant.
livrepapier.com

ISBN 978-2-36541-715-0
EAN 9782365417150

© Jean-Luc PETIT - BP 17 - 46800 Montcuq - France

www.ingramcontent.com/pod-product-compliance
Lightning Source LLC
Chambersburg PA
CBHW040314220526
45473CB00009B/2432